きらめく小学生

自由な教育の中で育つ子どもたち

鎌倉 博［著］

学校法人和光学園 和光小学校・幼稚園 元校園長
名古屋芸術大学 教育学部 教授

合同出版

はじめに

駅で電車の到着を待っていると、滑るように電車がやってきます。扉が開くと、一斉に同じようなバッグを背負った小学生が降りてきました。時刻は午後八時を回っています。背中のバッグには見慣れたマークがついていて、大手塾の子たちだとすぐに分かりました。「有名私学」や都立の中高一貫校を目指して受験勉強に燃えているのでしょう。

別の日、ファーストフード店で打合せをしていました。たまたま隣りに二人の小学生の女の子がいました。私たちがいたのは一時間ほどでしたが、私たちよりも早く来て、私たちが席を立ってもまだ帰る様子がありませんでした。ファーストフード店での隣り合わせですから、どうしても話が聞こえてしまいます。テレビ番組のこと、アイドルのこと、友達のことを話しているようだったことが、断片的に聞こえてきました。ポテトフライとシェイクでおしゃべり。たまたまその日だけだったのか、よく来るのかは分かりません。しかし気軽に小学生だけでも入ってくつろげるほど、子どもたちはファーストフード店に取り込まれているのでしょう。

また、このような場面も見かけました。電車の向かいに小学校低学年の女の子と母親がいました。母親はｉＰｈｏｎｅ《アイフォーン》に夢中のようです。仕事のやりとりなどでやむなくなのか、個人の趣味に浸っているのかは分かりません。女の子は話したくて仕方のないことがあったのでしょう。話しかけるのですが「ちょっと待ってて」と不機嫌そうに言って制止していました。二十分ほど同乗していましたが、三回ほど女の子が話しかけていました。でも相手になってもらえませんでした。そのうち下車駅に着いたのでしょう。「降りるよ」と言うなり、母親が先に席を立って出口に向かうので、女の子は慌てて追いかけていきました。私の目には淋しそうな女の子の顔がしばらく焼き付いていました。

こうした子どもたちの姿を見るにつけ、「子ども時代ってこれでいいのかな」とふと考え込んでしまいます。

私はアニメ映画『千と千尋の神隠し』が盛んに上映されていた頃から、子どもたちに「かまじい」と呼ばれるようになりました。当時は四〇代でしたが、気が付けば五〇も半ばにどんどん近づいてきています。そのためか、ついつい昔と今を比べて見てしまうようになってきています。単純に昔がよかったとは言いません。しかし、今だからこそ、昔のよかったことはこれからに向けて繋げていきたいと思うのです。

私が「先生」という職業を目指そうと考えたのは、小学生のときでした。当時は王・長嶋全盛期で、まじめにプロ野球選手になろうかどちらかで悩んでいたのですが、進級していくうちに選択肢は絞られていきました。

ではなぜ「先生」を目指すことにしたのでしょう。それは、心に残る先生がどんどん私の中に増えていったからです。そのお一人に、公立小学校で高学年の二年間を担任してくださった斎藤完先生がいらっしゃいます。先生は体全体で子どもたち大好きのオーラを放たれていらっしゃいました。休み時間も当時夢中になっていたドッヂボールによく入られて、容赦なくボールをぶつけてこられました。「いつか当ててやる」と真剣になっている私がいました。道徳の時間にはよく先生の昔話を聞いたことも思い出します。

また、「自由勉強」に夢中になったことも思い出します。当時「大学ノート」と呼んでいたノートに、毎日自分の好きなことを調べたりやってみたりしたことを書き込んでいました。そうして翌日先生に届けると、いつもの倍の笑顔を添えて返してくれました。その往復をしているうちにみるみるノートが嵩んで、記憶に間違いがなければ二〇冊は超えていたと思います。当時は実験や観察などの理科的な学習が大好きで、その手のものをよく調べていた記憶があります。

ところが中学校に進むと、途端に知識注入の授業に変わり、あんなに楽しかった勉強が苦になっていきました。「非行・問題行動」「落ちこぼれ」ということばがしょっちゅう飛び交い、体罰は当たり前のような時代でした。学校に通うことも苦痛になりながら、何とか通いとおしました。

そうした両極端な体験の中で、「先生って？」「学校って？」「教育って？」と考えるようになりました。そうしてその疑問は私の中に常にある根源的な問いになっていきました。だから、ついつい冒頭のような子どもたちの姿が気になってしまうのです。

気が付いてみたら、小学校教師としての経験も三〇年を超えてしまいました。辞めたいと思うようなつらいときが何度かありましたが、通してみると楽しかったことの方がはるかに多くてここまで続けてきています。最初の十年間は公立学校でしたが、その後子どもたちとともに教育活動を切り拓いている私立和光小学校に身を置かせていただくことができました。

本書は、そうした自分の三〇年を振り返る中で、今改めて「きらめく小学生」の姿に焦点を当ててみたい。小学生のそれぞれの年代で、どんな場面に出合ったとき、本来のきらめく姿を見せるものなのかを考えてみたい。そう思ってまとめたものです。公立学校時代の実践にも紹介したいものはいくつかあるのですが、ここでは和光小学校での実践に絞りました。また、和光小学校での実践となれば行事も紹介したくなりますが、ここは学習活動に焦点化し、その学習活動に関わる部分として行事は手短に紹介するに留めました。

なお、本書をまとめるにあたっては、記録に基づいてリアルに実践を描くようにしてきました。そのため、実際の作文や手紙等のプライベートな内容を盛り込んだ記述になっています。その点を考慮して、記述している名前はすべて仮名にしました。

三部構成にして、低学年・中学年・高学年の実践を紹介してあります。この順で読むもよし、高中低の順番で読むもよし、関心のある部だけ読むもよし。いずれにしても、先生達、子どもを学校に通わせている保護者の皆様たちとともに、子どもたちがきらめきながら学習活動に向かう姿に改めて目を向けていきたいと思うのです。そのことで改めて「先生って?」「学校って?」「教育って?」を読者のみなさまと一緒に考えていけましたなら幸いです。

もくじ

第三部　多感な時代の高学年の学級で

■装幀　守谷義明＋六月舎
■カバーイラスト　山岡小麦
■本文写真　著者（一部，小暮邦昭氏提供）

第一部　「学校」という世界に溶け込む低学年の学級で

一　小学校入門期の低学年

私立小学校には、とりわけさまざまな幼稚園や保育園から子どもたちがやってきます。園ではそれぞれの教育・保育方針で過ごしてきていますから、入学当初を担任する教員はことのほか授業づくり、学級づくりに苦労するものです。「これから××は○△×□しようね」と教えても「まえはこうだったよ」「ぼくたちはこうだったよ」と言われてしまうことがよくあります。しかし、共同生活をしていく上ではどうしても一定の統一が必要になります。そこで、「学校は学校のやり方で……」と半ば押し切るようにして慣れさせていく。これがよくあるやり方です。

また近年は「小一プロブレム」が一つの学校用語になっています。そのため、早々学校が園に要請するかのようにして、「よく躾けられ」て入学してきます。お行儀もよく、お勉強もよくできて、しっかりとしている子たちが入学してくるのでしょう。

しかしその一年生の一学期によく「学校に行きたがらない」子が出てきます。順応性に乏しい子の場合もあるのでしょうが、それだけではありません。

卒園してきた子どもたちは、園ではもっとも頼られる年長児でした。ところが小学校に上がるや否や、途端に年少児になってしまいます。そのためつぎつぎと指示され躾けられることが多くなってしまいます。これに耐えられないで悲しいかな、小学校低学年の子どもたちは蕾を固くしてしまっているのではないでしょうか。

小学校では年少児でも、園では年長児だったのです。未熟ではあっても六、七歳なりの力は蓄えてきているのです。学校・学級として共同で生活していくにあたって必要なことを指示、躾けていくことは当然あるわけですが、それは最小限にとどめる。むしろ共に過ごしながら必要になったときに、よく考え合って、徐々にそのルールを確立していく。こうしたルールを形作っていく過程を踏むことが、実はこの時期に大切なのではないでしょうか。

しかも、色々なことができるようになって自信を広げてきているこの時期です。結果を恐れずに、何でもやってみることや、言ってみることが楽しい。そういう時期です。小学校低学年であっても、きちんと自分たちの意見や思いを表明できるようにし、それを大人も丁寧に聞き取りながら、子どもにとって意味あるものとして形にしていき達成感がもてるようにしていくこと。それがこの時期に大切なのではないでしょうか。

二　一年生だって学習活動を生み出す

■出会い

和光小学校にはじめて着任した年に、一年生を担任する機会を与えていただきました。私にとっては和光小学校の子どもたち、ママ・パパたちとのはじめての出会いです。入学してくる子どもたち、ママ・パパたちも「どんな学校生活になるのかな」「どんな先生かな」と、入学式当日はとても楽しみだったことでしょう。私もはじめての出会いとなる学級開きに向けて、非常にワクワクしながら準備を進めました。

体育館での入学式を終えて、改めて一年生の教室で自己紹介しました。一人ひとりの名前を呼びながら「かまくらせんせいです。よろしくね」と握手して、まずは私との関係づくりをしました。

そうして私と子どもたちとが顔見知りになったところで、

「では、これから最初の授業をするね」

と切り出しました。

「こくご？　さんすう？」

と言う子がいました。

「違うよ。生活勉強っていうんだよ。今からあるものを配るからね。一つ目はこれだよ」

と言って、一人ひとりの手のひらに「あるもの」を一粒ずつ配りました。周りで見ているママ、パパ、おじいちゃんやおばあちゃんも覗き込んでいました。

「なにこれ？」

「たね？」

「おしろいばなのたね？」

「いいえ。違うよ。答えは……先生のおうちで飼っているうさぎさんのうんちだよ」

「え～！」

子どもたちも大人たちもどよめきました。

「うんちって聞いたからびっくりしたでしょ。でも汚い感じがした？　くさかった？　そうじゃなかったでしょう。うんちってね、動物によって色も形もにおいも違うんだよ。このうんちはね、動物にとっては大事なものなんだ。だから、『汚い・臭い』って言って見ないんじゃなくって、よく見ていくことが大事なんだよ。こうやって、身の回りにあるものをよく見て調べていくのが、小学校の勉強の一つ、生活勉強なんだよ」

ということで、まずはテキストで学習していくだけではない学習もあることを強く印象付けました。

「では、もう一つ配るね。今度は何でしょう」

「これもうんち？」

「今度は違うよ」

「たねだよねえ」

「そう。今度は種です。実はあるおいしいものができる種です」

「いちご？」

「りんご？」

「さて、何でしょう。そこで、これから仕事をしてもらいます」

「え〜、しごと〜？」

「そう、仕事です。でも簡単。種はこのままでは育ちません。土に埋めて育ちます。そこで、この種をもう一つのうさぎさんのうんちと一緒に埋めてください」

「え〜、うんちも？　おいしくなっちゃうんじゃない？」

「いいえ、違います。うんちは肥料といって栄養になるんです。では、ここに土の入ったプランターを用意します。順番に埋めてくださいね。そうして、何ができるか楽しみに、今日から育てていこうね」

こう話して、全員に作業してもらいました。これが私の、和光小学校ではじめての学級・授業開きでした。

みんなで手をよく洗いに行った後に教室に戻ればもう帰りの時間です。新しい学用品などをランドセルに詰め終えたのを確かめました。そこで、この日の締めくくりの話をしました。

「どうだった？　はじめての和光小学校は楽しかった？　明日からもっと楽しいことがいっぱいあ

るから、明日も元気に来てね。ところで、今日さっそく宿題があります」

「え〜、しゅくだい？」

ふたたび子どもたちとママ・パパたちがどよめきました。

「そう、宿題です。二つあります。一つは、今日みんなで埋めたのと同じ種が一人ひとりの袋に入れてあります。そこで、これをおうちでも埋めて育ててみてください。もう一つの宿題は、この種と違う種が、みんなのおうちやおうちの周りにもいっぱいあると思います。それを見つけて明日から持ってきてください。今日見つからなければ見つかったつぎの日でいいです。どんな種が届くか楽しみにしていますからね。では立って。みんなで一緒に、さようなら」

■朝の発表

入学したつぎの日。一人、二人と登校してきました。まだまだ緊張した面持ちで、教室のそばままでママについて来てもらう子もいます。

朝の会始まりのチャイムが鳴りました。もう教室にはママもパパもいません。いよいよ子どもたちと私だけでの学級・授業づくりが始まります。まずは歌をうたったり、紙芝居を読み聞かせたり、手遊びをしたりして緊張が解けるようにしました。次に子ども同士が互いの名前を意識できるように、一人ひとりの子どもを確かめながらゆっくりと名前を呼び出席確認をします。そうして、今日一日の予定を話して見通しがもてるようにします。

その後でつぎのように切り出しました。

「昨日、種を埋めた人？」

「はあい」

の声とともに可愛い手がいくつも挙がりました。

「じゃあ、昨日先生があげたのとは違う種を見つけた人？」

すると、何人かが手を挙げました。

「じゃあ、その種をみんなの前に持ってきてくれる？」

そう言って出てきた子たちに横一列で並んでもらいました。

「和光小学校には、発表の時間があります。みんなが見つけたもの、作ったもの、ぜひお話してお知らせしたいことなどを、みんなに見せたりお話したりできる時間なんです。では、今日からさっそくやってもらいます」

「まず、お名前は？」

「○○です」

「はい、では何を見せてくれますか？」

「これ（種）です」（みんなのそばに連れて行って見せる）

「どこで見つけましたか？」

「名前は分かりますか？」

はじめてですから、私がインタビューするようにして紹介してもらいました。

その日は、私の説明不足もあって、市販されている袋のままの種を持ってきている子がいました。

「えらかったね。よく宿題をおぼえていてくれたし、はじめての発表もよくできたね。でもね、今度もうちょっと頑張ってみてほしいことがあるんだ。それはね、買ってきた種をそのまま持ってくるんじゃなくて、道や広場に咲いている草花の種をとって持ってきてほしいんだ」

改めてこう要望しました。

こうして翌日から、みんなの前に立って紹介できるこの発表の時間が子どもたちの楽しみに加わっていきました。発表のネタはその後次々と広がりました。道で見つけて拾ってきたもの・工作してきたもの・描いてきたものを見せたり、おうちや登下校のときにあったことをお話したりするものも登場するようになりました。さらに一年生の終わりぐらいには、学級でとりくんだ独楽《こま》や体育の技などを見せたり、学習活動に関わって見つけてきたものや調べたことを発表したりする子どもも登場してくるようになりました。多いときには半分の子、少ないときでも五、六人は必ず発表に登場していました。

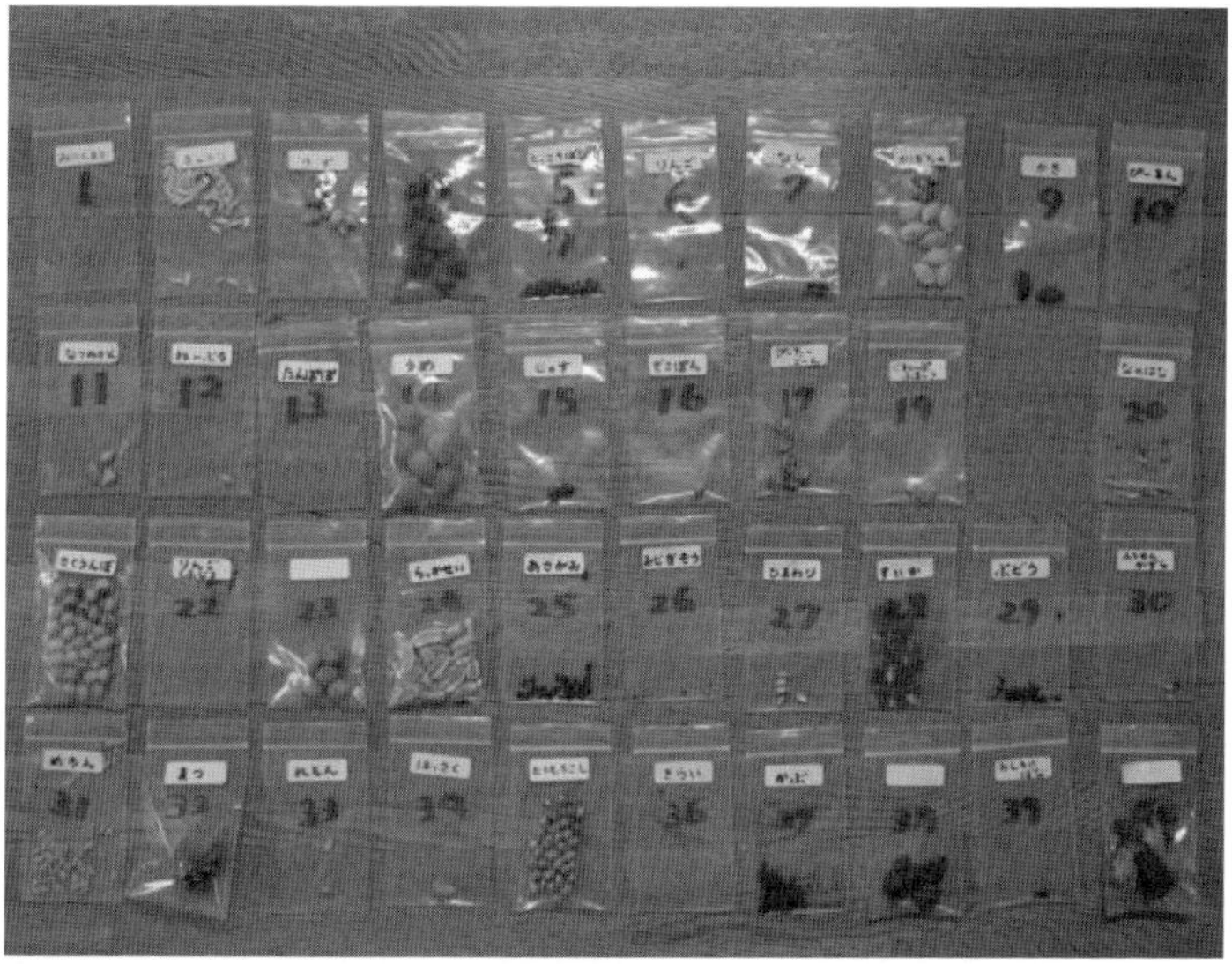

◎教室に集まってきた種（2003 年度撮影）

■種の世界で学び方が広がる

種が続々と持ち込まれ、発表の時間に紹介されていきました。新種の種が届くとともに、他の子がすでに紹介した種でも「自分が見つけた種」として届けてきました。そこで、発表された種は、小さなジッパー式のポリ袋に入れて一種類ごとに順次掲示していきました。名前の分かるものはそのポリ袋に名前も書いていきました。一方、同じ種類の種がたくさん届いてきた場合は、ミニポットの中の土に埋めて、その種の正体や成長の様子をみんなで見ていけるようにしました。

　そうしているうちに、たくさんの種が掲示板を覆うようになってきました。掲示板そのものがもう立派な「種展示コーナー」であり

「本物種図鑑」になっていきました。すると、子どもたちは、

「しろいたねもあるんだね」

「ながほそいたねだね」

と、色や形、大きさなどで種を識別するようになりました。そうなると、偶然見つけたものを持ち込むことから、

「じゃあ、もっとでっかいたねをみつけてこよう」

「ちいさいたねをみつけてこよう」

と、目標を定めて見つけ持ち込むようになっていき、発表の仕方も進化してきました。それまで私がインタビューする形式で発表を進めていましたが、目標をもって見つけてきた子は私が聞くよりも先に自分からその特徴を話すようになっていったのです。

「わたしはしろくろのたねをみつけてきました」（おしろいばな）

「おべんとうにあったたねをみつけました」（梅干）

発表する子がこうした成長を見せてくると、聞いている子たちも
「どこでみつけたの？」

「どうやってみつけたの？」

と聞き出すようになりました。すると、私の司会の役割は徐々になくなり、半年も経つと朝の会の司会進行が自分たちでできていくようにもなっていきました。

一学期が終わる頃には掲示板いっぱいに種を入れたポリ袋が並びました。道で見つけたものだけではなく、昼食で持ってくる各自のお弁当の食材からも種を見つけるようになりました。

■生活勉強「うんち」

朝の発表でさまざまなものを持ち込み、見せ合い紹介し合うことで、子どもたちの興味は多方面に広がっていきました。ただし持ち込むものには条件がありました。それは、自分で見つけたもの・自分で作ったもの・自分でやって見せたいものです。ですから、買って持っているようなシールやカード、キャラクターグッズなどを持ってきて発表するというのはＮＧにしていました。

さて、子どもたちが持ち込んできたものは種だけではありません。教室にはさまざまな動物のうんちが持ち込まれました。入学式当日の学級・授業開きでのうさぎのうんちとの出合いの影響もあったことでしょう。また、「うんち」という音と表記にこだわって国語のひらがな学習を組んだこともきっかけになったことでしょう（「う」と「ん」を聞き分けられず間違える子がよくいる）。

「うちのいぬのうんちをもってきました」

「ハムスターのうんちをもってきました」

衛生面でママたちから問題にされてしまうのではないかと不安になりました。

「そういうものは持ってきてはダメ……」

この一言が何度ものど元まで出て来ましたが、その度に呑み込みました。入学式の日、「汚い物・臭い物でもよく見ていくことが大事」と子どもたちに言ったことを思い出したからです。ここは本物のうんちでも大事にしようと思いました。さすがに犬やネコのものが届いたときはびっくりしましたが、あとは昆虫や小動物、魚のものでしたし、例えば人間である自分のものは絵に描いて見せてくれていたので、ママたちから問題にされることはありませんでした。

こうして、続々と生き物のうんちが届いてきたので、カリキュラムになかった「うんち」で、生活勉強のミニ単元を作って学習していくことにしました。絵本『みんなうんち』（五味太郎［さく］福音館書店）を読み楽しんだり、みんなのうんちの様子を紹介し合ったりして、うんちは動物には欠かせないものであること、動物や食べ物でそれぞれ違うことを勉強していくことになりました。

家庭でもうんちの話をしていたのでしょう。桃花ちゃんのママは、近くにある馬事公苑（東京・世田谷区）からわざわざ馬のうんちを段ボールに入れて届けてくれました。みんなでドキドキしながら箱を開けてみました。驚いたのはドッヂボールほどもあろうかというその大きさでした。しかし、馬のうんちは藁の繊維質でできているので、違和感のある臭いはしませんでした。子どもたちも感心して見つめていました。ちなみに和光小学校では二年生の秋になると多摩動物園へ見学学習に行きます。そこでも動物たちのうんちを目の前で見せてくれるのですが、和光の子はとびついて見ています。

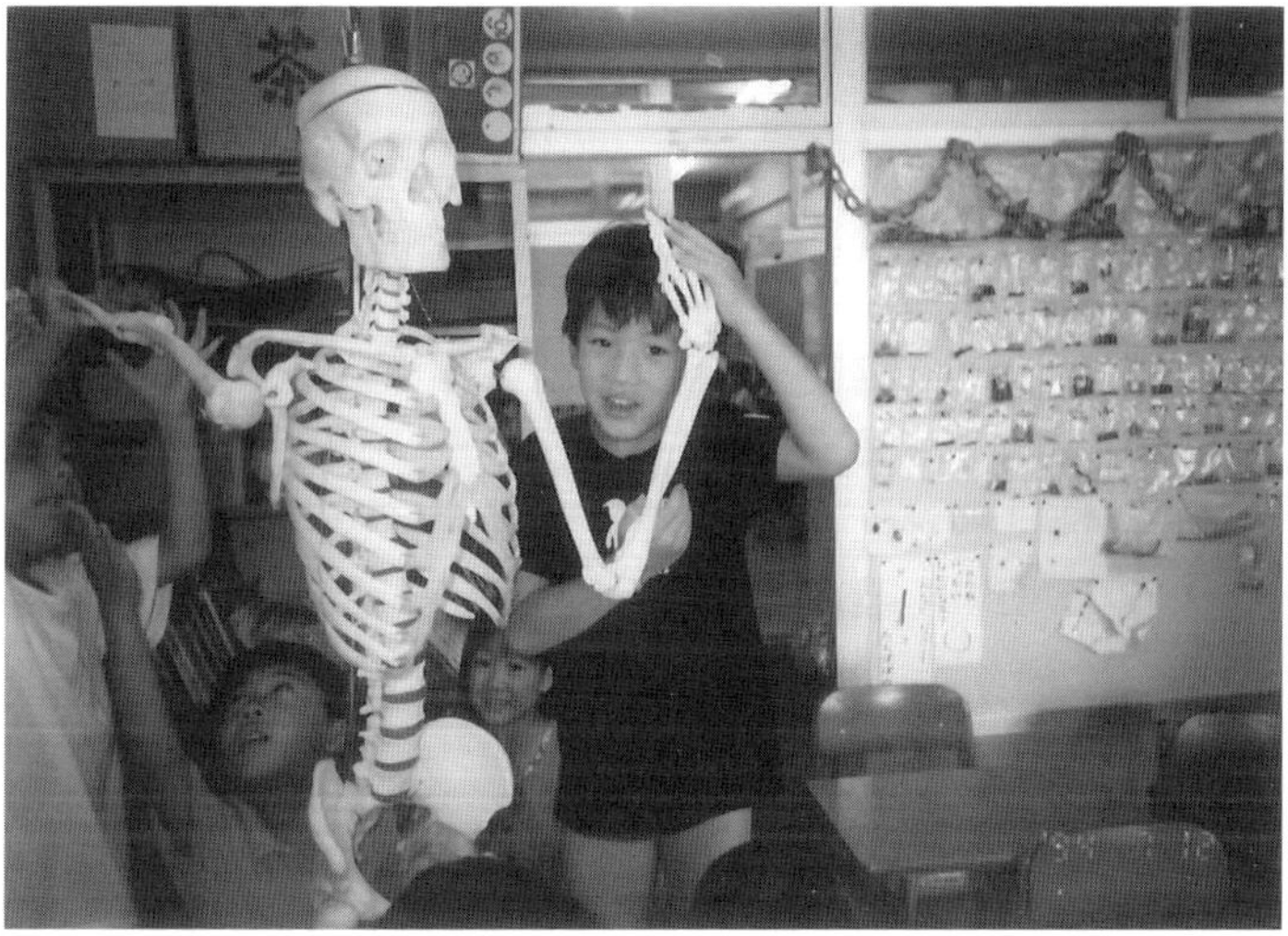

◎ガイコツ君と１年生（実践当時）

■生活勉強「からだ」

さらに新しいブームも生まれました。それは骨でした。誰がどの骨を持ち込んだのが最初だったかは記録に残っていなくて定かではありませんが、結果としてイワシ・タイ・サンマ・カレイ・トビウオなどの魚の骨、フライドチキンにされたニワトリ・焼肉で食べたヒツジの胸肉・鍋料理で取り出された牛の背骨などが、続々と届くようになったのです。

面白かったのは、健太郎君の発表でした。

「うごくほねをもってきました」

何のことだろうと思って見せてもらうと、フライドチキンの骨でした。二本の中手骨と指骨が食べて乾ききっていなかったために軟骨でつながっていたのです。だから動くのでした。これがきっかけで、「からだ」で生活勉強する時間がつくられました。保健室から教室へ人体骨格模型を持って来ました。班ごとに触り「ガイコツこわい」と言いながらも握手して手の骨のつくりを見たり、手足を持ち上げて付け根を見たりしていました。

そんな折、一つの事件からさらに「からだ」の学習が発展しました。

ある日晶子ちゃんが「タイの目玉」を持ってきました。食事をしていたときに気になったのでしょう。大事に残して持ってきてくれたのです。みんなで間近に見せてもらった後に、種同様ポリ袋に入れて、それまで届いていた骨や魚の骨拓のコーナーに画鋲で留めて掲示しておきました。それから一週間ほど経ったでしょうか。その晶子ちゃんが友達と一緒に血相を変えて職員室の私のところに駆け込んできました。

「せんせい、あたしのタイのめだまにだれかがいたずらした！」

何のことか分からずに、とにかく教室に行ってみました。すると、タイの目玉を入れていた袋に異変がありました。白目も黒目もはっきり残っていたはずのタイの目玉が、割れたように固い殻と透明なビー玉のようなもの各二個ずつに変わっていたのです。

私は見て直感しました。これは乾燥して、眼球の膜が

◎乾いてはじけたタイの目玉（実践当時）

殻のようになって割れ、硝子体と呼ばれているところが弾け出たのだと。

「ちょっとこれ、預からせてね」

とその場をやり過ごして、すぐに事典で目の構造を確かめました。間違いなく、水晶玉のようなものが硝子体で、白く固くなって割れた殻のようなものが網膜だったところでした。そこで、すぐに目の構造を簡単に模写して、急遽、「目」の勉強をすることにしました。

子どもたちは登下校の際の通学路でも、さまざまなものやことに興味を示しています。一年生の二学期ともなると、往復の道をしっかりと身に付けた自信から、寄り道を覚えて冒険する子も出てきます。そこで今までにない新たなものをまた見つけ出してくるものなのです。

しかし、教科書一辺倒の授業の中ではまったくの無用、無駄なこととして通常取り扱いません。ですから一緒に行き来する子たちの「ひみつ」として楽しんで終わってしまいます。しかし、子どもたちが持ち込むものや話題の中には、教師の考えを超えて価値あるものが結構あるのです。子どもたちの持ち込むものを見捨ててしまうのではなく、それが子どもたちの学びや生活にとって何か役立つものになるのではないかと一度吟味したうえで取捨選択していく。その力が、子どもたちを活かし伸ばしていける教師なのかどうかの分かれ道になっているような気がするのです。

■種で深まった算数の世界

この子たちと二学期を迎えました。朝の発表もさっそく再開されました。

すると、龍太君が「スイカ一個の種」を発表しました。手を広げた大きさの紙に、スイカの種が少しずつ間隔をおいて貼ってありました。全部で四九七個あったそうです。

「りゅうた、すごいねえ」

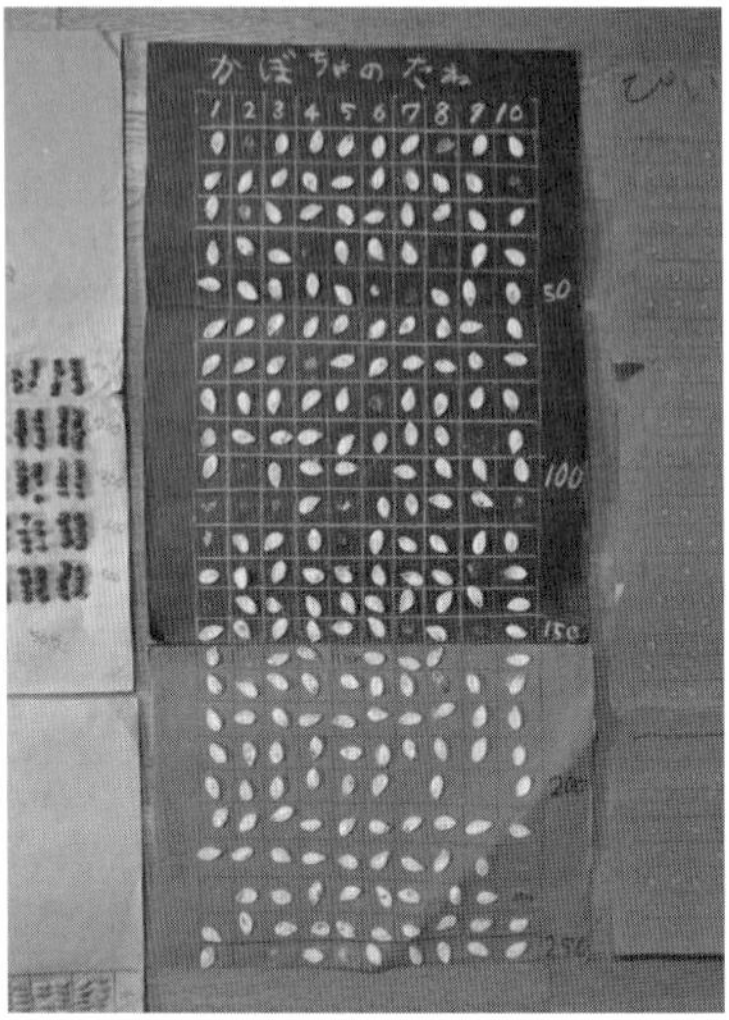

◎カボチャ１個に 250 粒の種（実践当時）

みんなから拍手が起こって、龍太君はほめられました。しかし一方で、みんなは「十のかたまり」を意識した位取り記数法を学習していました。

「りゅうたくんさあ、十のべんきょうしたじゃん。十ずつわけてはるともっとわかりやすいよ」

こういう意見が出されました。

すると、数日後その龍太君が、

「こんどはメロン一このなかのたねをしらべてきました。こんどは十ずつわけてあります」

と言って画用紙を広げました。すると、間隔をおいて両面テープを貼った上に整然と十個ずつの種がありました。ふたたび大きな拍手が起こりました。

こうして新たなブームが起きました。桃花ちゃんが同じくメロンとパパイヤで。真夫君がピーマンとカボチャで。それぞれ一個の実の中の種を十ずつ見やすく貼ってその数を紹介してくれました。

発表の世界が「一つの実の中の種」を意識させるとともに、「十のかたまりを意識していくとすぐに数が分かる」という算数の世界も深めていくことに発展させていったのです。

三　子どもたちとつくり出してきた詩の世界

■「この子たち」との出会い

また新たな出会いを迎えました。

私は二年続きで担任することが多かったのですが、この子たちとは二年生の一年間だけを担任することになりました。この子たちは、一年生のときから何かと話題になることが多く、教職員みんなに応援してもらいながら過ごしていました。何より大変だったのは、チャイムで着席し、一コマの学習活動に集中することでした。

そうしたとき、びしっと生活指導で躾けて学級をまとめ上げていくことをまず考えてしまいがちです。私の頭にもそんな気持ちが半分ありました。しかし、それはすぐに崩されました。チャイムが鳴ったから座ろうと声をかけても話が通じないのです。仕方がないのでそばに行って、最後は抱えてでも席に連れて行こうかとも思いました。しかし、なかなか素晴らしい予知能力をもった子たちです。気配を感じるとさっと教室を飛び出して行ってしまうのです。こうなると大変。学校中を逃げ回るか、どこかに身を潜ませて過ごすかしてしまうのです。それを数人の子でやられるので、一筋縄ではいきません。一年生のときの担任の苦労を身に染みて感じました。

そうした苦い体験を担任当初は何度となく感じさせられることで、徐々にこの子たちに合う授業のあり方を考えていくようになりました。

一つ目は、朝の会・授業時間の始まりが強く意識できるようにしたことです。はじめは

「チャイムが鳴ったから座って」

のことばだけの指示でしたが、それでは切り換えられない子たちが多かったので、授業を始めるときには決まって、拍子木を鳴らしました。

「カン、カン、カンカンカン」

と心地よく教室にこだまさせました。そうして

「さあ、まずは楽しいことから始めよう。早く始められればその分楽しい時間が少し増えるよ」

と言って、二、三分でできる手遊びやうた、手品や紙芝居の読み聞かせをしました。

二つ目は、一コマの授業を、二コマに小分けし、途中五分休憩を入れて学習活動を進めていくことでした。体を動かして学習できる内容だと、あっと言う間に通常の一コマ、場合によっては二コマ連続でもできてしまうのですが、国語や算数はそうはいかなかったからです。

■詩を声に出して読んで楽しむ

さて、国語の授業ですが、四月当初は、前半十五分はことばあそびや詩を読み楽しみ、一、三分一息入れたら、残り時間はしっかりとカリキュラムに沿ったその日の読み物や文字・作文の学習を進める、というスタイルをとりました。

まずは、子どもたちが声に出して読んでみたくなる詩を発掘することから始めました。実は私はそれまで、あまり「ことばあそび」を授業に取り入れていくことに好感をもっていませんでした。自分自身の中で学習活動に入れる価値を見い出せなかったからです。そうは言っても苦肉の策で取り入れてみようと思いました。そうして、まどみちおさんの『まど・みちお全詩集』（理論社）に出合いました。ここで、私のことばあそび観が一変しました。詩の中には、情景を思い浮かべながらも、ことばあそびしているように楽しめるものがあるのだ、ということに気付いたのです。

めが　でる

めが　でる
めが　でる
め　め　め
つちにも　えだにも
め　め　め

みどりの
みどりの
め　め　め
ひかれよ　ふとれよ
め　め　め

――『まど・みちお全詩集』（伊藤英治［編］理論社）より

この『めがでる』は、「め」の音がリズムよく繰り返し出てくるように作られています。ですから、声に出して読んでいくと、ことばあそびをしているように楽しくなってきます。また、春に草花が勢いよく伸びていこうとする力強いエネルギーも感じさせてくれるのです。

さっそくパソコンで打ち直して教材化し、いよいよそれが使える時間がやってきました。例によってリズムよく拍子木を鳴らして始まりの合図をしました。そうして、私は大きな声で思いっきり楽しそうにこの『めがでる』を読み始めました。何事が始まったのかと、子どもたちはいつもより早く席に戻ってきました。もう一度読みました。

「どう？　みんなも読んでみる？　じゃあ、プリントを配るね」

今度は拍子木でリズムを作って、子どもたちと読んでみました。二回、三回と繰り返し読んでいきました。そうすると読みのリズムが取り込めて、読む声にも勢いが出てきました。繰り返し読んでいると飽きてしまうかと思って、様子を見て進めましたが、読んで勢いが出てくるとますます面白くなる詩だったので、子どもたちは思いのほか楽しんでいました。

「じゃあ、一班だけで読んでみる？」

「今度は二班いくよ」

と趣向も工夫しながら、十五分のミニ一コマの授業をこの詩だけでたっぷり楽しみました。

こうして毎日新しい一詩を紹介して、声に出して読むことが楽しめるようにしました。

ちなみに、後々この『めがでる』は、子どもたちのお気に入りの詩になっていたことが分かりました。生活勉強でミニ野菜を栽培していましたた。芽を出し生育していく折に度々観察していたのですが、その都度誰彼となくこの詩を暗唱していたのです。

■授業に関わるきっかけをつくった詩

こうして少しずつ普通に授業を始められるようになっていきました。しかし、それでもなかなかみんなと一緒に授業に向かうことができない子たちがいました。良太君・光太君・典也君の三人です。みんなが席に着き始めてもなお自分たちの世界に浸って、好きな本を見ていたり、絵を描いたりしているのです。もちろん「席につこう」と声はかけるのですが、教室の隅の図書コーナー付近によくいて、

「ちょっとまって、いまいいところなんだから」

とか、

「べんきょうなんてばからしくて、やってらんねえよなあ」

という調子で一筋縄ではいきません。かといって無理に席につかせようとすると、先に紹介したように捕物帳になってしまうのです。

ところが、「詩の授業」を毎日続けているうちに、この三人が授業に入り込む瞬間が訪れたのです。それは、やはり、まどみちおさんの『ザックリン　ブックリン』をみんなで読み楽しんでいたときでした。

ザックリン　ブックリン

おはよう　おはよう
おはようちゃんが　かけてきて
ふみます　ふんでます
しもばしら
ザックリン　ブックリン
ブック　ザック　ポン

おはよう　おはよう
おはようちゃんは　だれとだれ
きみきみ　ぼくぼく
みんなです
ザックリン　ブックリン
ブック　ザック　ポン

――『まど・みちお全詩集』（伊藤英治〔編〕理論社）より

最後の「ザックリン　ブックリン　ブック　ザック　ポン」のところで良太君が
「『ザックリン　ブックリン』なんてだっせえよなあ。『バッコリン　ボッコリン』のほうがかっこいいよなあ」

という声が、私の耳にとまりました。彼が私の授業ではじめて関わってきた瞬間でした。これは絶好のチャンスだと思いました。すぐに良太君のことばを板書して言いました。

「なるほど、この詩の『ザックリン　ブックリン　ブック　ザック　ポン』は、良太が言うように『バッコリン　ボッコリン　バッコ　ボッコ　ポン』って変えても楽しく読めるねえ。それじゃ、今度は良太の作った『バッコリン　ボッコリン』で読んでみようかあ」

私が良太君の創作を入れた詩で読みました。みんな大笑いでした。みんなで読んでみると、また大笑いでした。するとうれしかったのか良太君は、

「ガッコリン　ゲッコリン　ガッコ　ゲッコ　ポン」
「バッカリン　アッホリン　バッカ　アッホ　ポン」

とどんどん創作していきました。彼が言うたびに板書してみんなで読んでみました。そのたびに大笑いでした。そうすると他の子たちもつぎつぎと創作していきました。それらもすべて板書して読んでいきました。そのたびに笑いが起きました。はじめて「全員で授業を楽しめた！」と手応えを感じることができたときでした。

■「読みたい!」という要求から授業をつくる

こうして毎日ミニ一コマの「詩の時間」が子どもたちの楽しみに定着してきました。「詩の時間」になると

「(プリントを) はやくくばって!」

と声を上げるようになり、自分の手元に届くなり読み始めて

「おもしれえ」

と喜んでくれるようになりました。

そこで、集団で読むだけではなくて、一人で読む場面もつくってみようと思いました。まずはリズムを取り込んで心地よく読み通せるように繰り返しみんなで読んでみました。それから、

「一人で読んでみたい人はいる?」

と聞きました。すると手を挙げて名乗り出てくる子が出てきました。自信がついてくると、今度は国語の時間だけでなく、朝の会の「発表」でも暗唱する子が出てきました。

詩の音読は、声に出して読む学習活動の面白さを感じさせてくれるとともに、そこから学習活動への集中、みんなで心地よく読むことでの一体感をつくり出してくれました。

もう一つ印象的だったのが、『なかよしスリッパ』(まどみちお) で授業をつくったときでした。こ

れを学習活動に取り入れる際に二つ細工をしました。それは群読としてのハーモニーを楽しみながら音読できる詩だと思ったからです。細工の一つは文中の「スリッパ」をパソコンに打ち直す際には「スーリッパ」にしたことです。こうすることで、拍子木のリズムにかみ合って音読しやすくなるのです。もう一つは、みんなで読むところと、二つのグループで交互に読めるところをつくったことです。

なかよし　スリッパ

あるけば　うれしい　スーリッパ
おしゃべり　はじめる　スーリッパ
(A) ぺっちゃら　(B) ぺっちゃら
(A) ぺっちゃら　(B) ぺっちゃら
(A) ぺっちゃら　(B) ぺっちゃら
(A) ぺっちゃら　(B) ぺっちゃら
なかよし　スーリッパ

はしれば　うれしい　スーリッパ

おしゃべり　はずむよ　スーリッパ
（A）ぺらぺら　（B）ぺらぺら
（A）ぺらぺら　（B）ぺらぺら
（A）ぺらぺら　（B）ぺらぺら
なかよし　スーリッパ

やすめば　うれしい　スーリッパ
おしゃべり　やめるよ　スーリッパ
（A）いっしょに　（B）ならんで
（A）いっしょに　（B）ならんで
（A）いっしょに　（B）ならんで
（A）いっしょに　（B）ならんで
なかよし　スーリッパ

――『まど・みちお全詩集』（伊藤英治［編］理論社）をもとに教材化

みんなで全文を音読したあと、（A）（B）のところを二グループに分けて、

「先を一、二、三班、後を四、五、六班で読んでみるよ」

「じゃあ今度は反対で四、五、六班を先にして読んでみるよ」

として、追いかけ読みのようにしてみんなで読んだのです。すると、みんなで役割分担して群読する面白さがつかめて、

「こんどは男の子と女の子でやろう」

「一月から六月生まれと七月から十二月生まれでやろう」

と、さまざまなグループ分けを考えた群読が提案されて、さまざまなハーモニーで『なかよしスリッパ』が楽しめたのです。

それからは、みんなで読むにしても、クラスをパートに分けて読んだり、詩の一行ずつを全員でリレーして読んだりと、読み方の工夫も子どもたちと一緒に考えながら音読が楽しめるようにしていきました。

■おうちへの「文学宅配便」

子どもたちと読み楽しむ詩は、いつもB6サイズのプリントにして配っていました。そうしてそのプリントは、いつでも取り出して読んで楽しめるように、B6フラットファイルに綴じ込むようにし

ていました。

当初なかなか授業に集中できないでいた子たちでしたので、授業で楽しいと思ったことをとことん楽しめるようにしていこう。そのことで必ず授業に集中していくことができる。そういう見通しをもっていました。

そこで、毎日の詩を家でも楽しめるようにしました。四月の学級懇談会でママたちに、この詩のとりくみについてのねらいや見通しを話しました。そうして

「上手下手で評価するようなことは絶対に言わないでください。逆にどんな小さなことでもほめていけば、音読することが楽しくなって読む力もついていきます。そして、学校で勉強したことでおうちでも楽しめることが分かってくれれば、学校の授業ももっと楽しくなってくると思います。ですから、一緒に楽しむつもりで子どもたちの音読を聞いてください。そして、一言ほめてカードにハンコして持たせてください」

というお願いをしました。

こうして、おうちへの「文学宅配便」が始まりました。詩だけでなく、和光小学校ならではの、教科書にはない読んで楽しい、あるいは読んで深く考えられる優れた文学作品も「宅配」しました。ママ・パパが読んでも価値ある作品を一緒に読み味わってもらいたいという思いがあったからです。

すると、例の三人の家庭も、それならば協力できるという思いをもたれたのでしょう。本当によく協力してくれました。欠かさず音読カードを往復してくれ、良太君のママからは

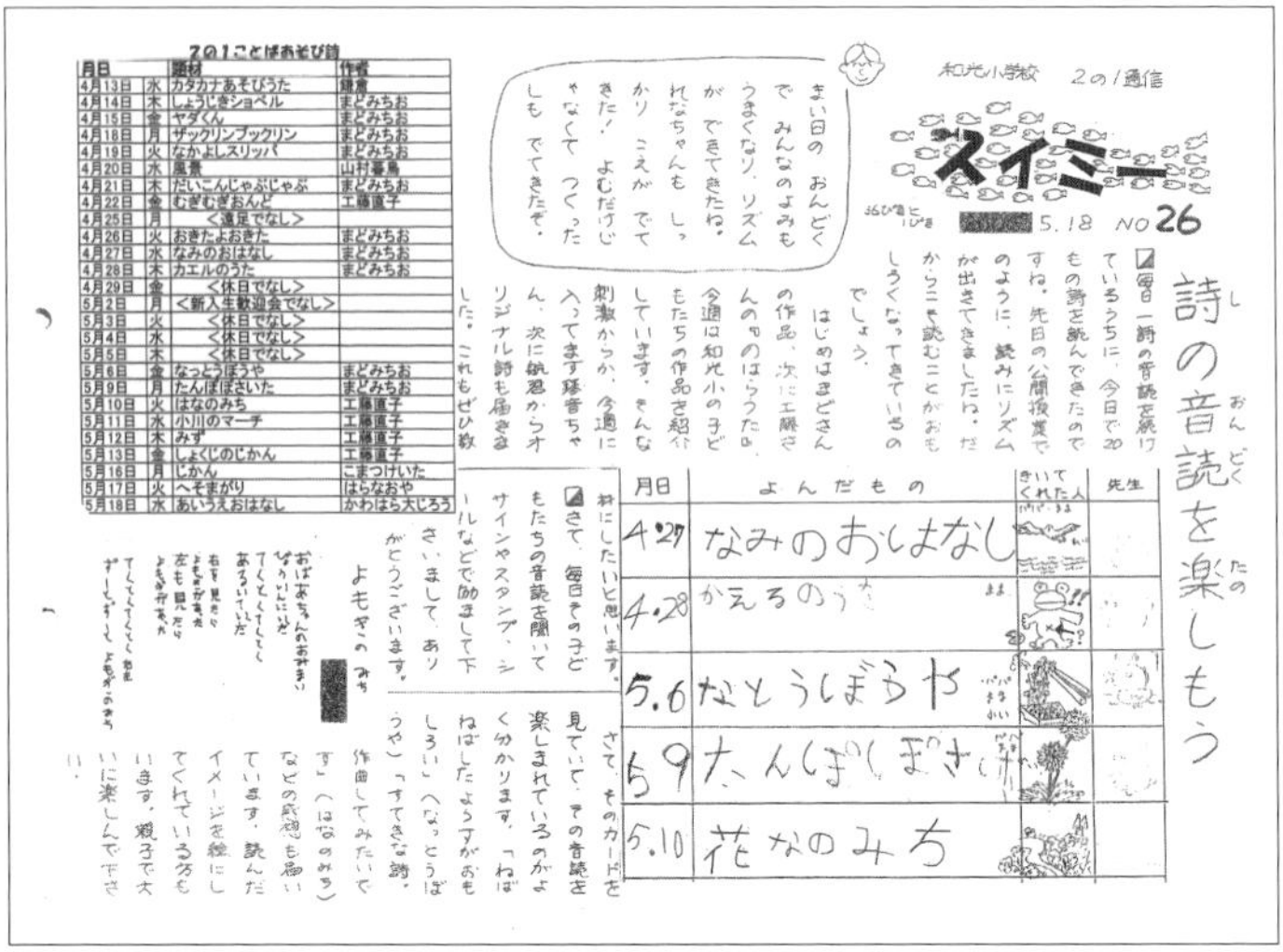
和光小学校　2の1通信

スイミー

[redacted] 5.18 NO26

まい日の おんどくで みんなのよみも うまくなり、リズムが できてきたね。れなちゃんも しっかり こえが でてきた！ よむだけじゃなくて つくったしも できたぞ。

詩《し》の音《おん》読《どく》を楽《たの》しもう

■毎日一詩の音読を続けているうちに、今日で20もの詩を読んできたのですね。先日の公開授業でのように、読みにリズムが出されてきましたね。だからこそ読むことがおもしろくなってきているのでしょう。

はじめはまどさんの作品、次に工藤さんののはらうた。今週は和光小の子どもたちの作品を紹介しています。そんな刺激からか、今週に入ってます[illegible]音ちゃん、次に航[illegible]からオリジナル詩も届きました。これもぜひ教材にしたいと思います。

2の1ことばあそび詩

月日		題材	作者
4月13日	水	カタカナあそびうた	鎌倉
4月14日	木	しょうじきショベル	まどみちお
4月15日	金	ヤダくん	まどみちお
4月18日	月	ザックリンプックリン	まどみちお
4月19日	火	なかよしスリッパ	まどみちお
4月20日	水	風景	山村暮鳥
4月21日	木	だいこんじゃぶじゃぶ	まどみちお
4月22日	金	むぎむぎおんど	工藤直子
4月25日	月	<遠足でなし>	
4月26日	火	おきたよおきた	まどみちお
4月27日	水	なみのおはなし	まどみちお
4月28日	木	カエルのうた	まどみちお
4月29日	金	<休日でなし>	
5月2日	月	<新入生歓迎会でなし>	
5月3日	火	<休日でなし>	
5月4日	水	<休日でなし>	
5月5日	木	<休日でなし>	
5月6日	金	なっとうぼうや	まどみちお
5月9日	月	たんぽぽさいた	まどみちお
5月10日	火	はなのみち	工藤直子
5月11日	水	小川のマーチ	工藤直子
5月12日	木	みず	工藤直子
5月13日	金	しょくじのじかん	工藤直子
5月16日	月	じかん	こまつけいた
5月17日	火	へそまがり	はらなおや
5月18日	水	あいうえおはなし	かわはら大じろう

月日	よんだもの	きいてくれた人	先生
4.27	なみのおはなし		
4.28	かえるのうた		
5.6	なとうぼうや		
5.9	たんぽぽさいた		
5.10	花のみち		

■さて、毎日その子どもたちの音読を聞いてサインやスタンプ、シールなどで励まして下さいまして、ありがとうございます。

さて、そのカードを見ていて、その音読を楽しまれているのがよく分かります。「ねばねばしたようすがおもしろい」（なっとうぼうや）「すてきな詩。作曲してみたいです」（はなのみち）などの感想も届いています。読んだイメージを絵にしてくれている方もいます。親子で大いに楽しんで下さい。

よもぎのみち [redacted]

おばあちゃんのおみまい
なかよしにいった
てくてくてくてくてく
あるいていった
右を見たら
よもぎがあった
左も見たら
よもぎがあった
てくてくてくてく
ずーっとずーっと よもぎのみち

◎学級通信「スイミー」26号（実践当時）

「音読が毎日の宿題になって、読むことを意識してくれるようになり、拾い読みがつながって読めるようになってきました」

という、うれしい話も届いてきました。

それにしても、ママたちの中には、本当に色々な優れた技能をお持ちの方がいるものだなと、この音読カードの往復を通して改めて感じさせられました。ハンコでなくかわいいキャラクターシールで音読を励ますママ、ハンコが押せる程度の二センチ角の枠でしたがその枠の中に毎日音読のほめことばや詩の内容の感想を一言書いてくれるママも現れました。極めつけは、その小さな枠の世界に詩の情景として思い浮かべた絵を描いてくれるママが現れたのです。佳子ちゃんのママは『かえる』の詩ならばカエルの絵、『スーホの白い馬』（モンゴル民話、大塚勇三［再話］赤羽末吉［画］福音館書店）ならばその場面の白馬の様子などを描いていました。

ママ・パパたちも読み聞かせを通してわが子の読む力の成長を日々感じながら、自分も知らなかった詩や文学に触れられることを喜んでくれました。そうして、その喜びを小さなハンコ枠に巧みに表現したりしながら子どもたちをほめてくれたり、聞いて励ましてくれたりしましたから、子どもたちも音読意欲を高めていくことができました。

■すてきな詩が続々生まれる

毎日の詩の音読で、連日まどみちお作品を紹介していました。子どもたちもとても楽しんでいることが伝わってきていたからです。

ところが、また新たなまどさんの作品を紹介したとき、

「また〜、まどみちお〜?」

という声が上がりました。まどみちおさんの作品に不満があったのではなく、今度は違う作家の詩を読みたいよというメッセージだったのです。子どもたちの詩の世界をさらに広げたいという学習意欲の表れだととらえました。

そこで、翌日からは、谷川俊太郎さんの『ことばあそびうた』(瀬川康男〔挿絵〕福音館書店)や工藤直子さんの『のはらうた』シリーズ(童話社)からの作品も紹介していきました。ところが、い

よいよ私の詩のレパートリーにも限界を感じ始めて、発掘するのに負担を感じてきました。そうしたときに、今まで担任してきた子や校内研究会の実践報告で紹介されていた子の低学年時代の詩があったことを思い出しました。そこで、作家シリーズのつぎにそれらを紹介していきました。
そうすると、自分たちにも作れそうだと思い始めたようです。琴絵ちゃんが「あのねノート」（いつどんな題材でも書いて提出することができる自由作文帳）に『よもぎのみち』という作品を書いてきてくれたのです。

よもぎのみち

おばあちゃんのおみまい
びょういんにいった
てくとくてくとく
あるいていった

右をみたら
よもぎがあった

左もみたら
よもぎがあった

てくとてくとく　右左
ずーとずーと　よもぎのみち

春。和光小学校の二年生は、新入の一年生に、楽しい遊びのコーナーを用意し、昼食のときには手作りのよもぎ団子をふるまって「一年生を迎える会」をつくっていきます。多摩川の土手に行って、よもぎだけを摘み取って持ち帰り、日を改めてすり潰して白玉粉に混ぜてお団子にするのです。そのとき確かに「よもぎ」を見分ける力を獲得したのでしょう。大事なおばあちゃんのお見舞いの途中もよもぎを見つけ、楽しみながら歩いたときのことを詩にしたのです。

さっそくパソコンで打ち直して翌日子どもたちに紹介してみんなで読みました。みんなから拍手が起こりました。

すると、琴絵ちゃんに触発されたのでしょう。つぎつぎと「あのねノート」で創作詩が届きました。

せっけん

ゆみ

せっけんぷくぷく
せっけんつるつる
あらあらあらつるりんこ
お水でばしゃばしゃあらったら
せっけんおちてながされた
お手手をあらってきれいにしたら
テーブルのまえにすわって
いただきま〜す

くしゃみ

りょう

ちょうちょがくしゃみ
うまもくしゃみ

さかなもくしゃみ
へびもくしゃみ
ぞうもくしゃみ
うさぎもくしゃみ
うしもくしゃみ
きりんもくしゃみ
くまもくしゃみ
みんないっしょに
はっくしょん！

カーテン　　みつき

本をよんでいると
ふわりふわり
「おばけだ！」
カーテンだった

おばけみたいな
カーテンカーテン
いっしょにあそぼう
ふわりふわり
カーテンくん

はじめは、今まで紹介してきた詩と同様に、届いてはパソコンに打ちためました。そうして、順次「今日の詩」として一日一詩配って紹介し、みんなで読み味わいました。しかし、

「せんせい、ぼくの、まだあ?」

と、なかなか紹介の番が回ってこないことへの不満を口にするようになりました。そこで、「この子ははじめてだからぜひ」とか「この詩は今までと違った視点で書かれているから」などの基準で選定して、それは従来通り扱うことにしました。しかし、申し訳ないけれど選定されなかったものは、まとめて日々出していた学級通信の裏にすべて掲載して紹介していくことにしました。

そのぐらい子どもたちの創作意欲は旺盛で、結局年間を通してこのとりくみが続いていきました。

■典也君の詩の世界

その中でも特に印象的だったのが典也君でした。

典也君は例の三人の一人でした。根は素直なのですが、学習課題によって苦手意識があり、苦手を感じてしまうとふらっと教室を出ていったり、わざとそばの子にちょっかいをかけたりしていました。

しかし、そんな典也君のことをご両親はよく分かっていて、何とかみんなと一緒に授業参加してほしいと願い、家庭でできることに一生懸命とりくんで後支えしてくださっていました。

そうした折に、学級のみんなに触発されて、典也君も詩をつくる一人になっていきました。

ご本

せきのおとは「ごほん」
よむものご本
えんぴつが五こあるもの五本
どうしてかな

よくわからない

しっぱい

人だって
しっぱいすることあるんだよ
かぜだって
しっぱいすることあるんだよ
つよさやふくときを
まちがえるんだよ
人はどうしてけがをするのかな?
わかんないなあ

この二つの詩に象徴されていますが、彼は本質的な問いを常にもっていて、一つひとつ納得していかないとつぎに進まないでいたのです。子どもたちにはこうして問いを持つことをうんと大事にしてほしいので、彼の作品は大事に取り上げるようにしました。

そうした折、毎日一詩の中で、第三部で紹介するアリサちゃんの詩を紹介したことがありました。

♪こもりうた

ねんねこねんねこ
赤ちゃんおりこうだからねんねしな
おねえちゃんがうたってあげる
ちいさいこえで
ねんねこねんねこねんねしな

みんなとこの詩を読み味わうと、子どもたちが急に自分たちが聞かされてきた子守唄のことを思い出したらしく、その思い出を語り始めたのでした。そうして、

「せんせいも、じぶんの子に子もりうたをうたったの?」
「ああ、お兄ちゃんが赤ちゃんの頃、なかなか眠ってくれなくてねえ。よく歌ったよ」
「きかせてよ!」

と言うなり、「うたえ、うたえ」コールが起こりました。リクエストに応えて、

♪ねんねこ、ねんね、ねんねしな
健太はよい子だ、ねんねしな
ねんねこ、ねんね、ねんねしな
健太はよい子だ、ねんねしなあ、ねんねしな

と歌うや拍手をもらって、心地よい雰囲気の中でその時間の授業を閉じました。

そうして、私は教室で子どもたちから回収したノートや手紙類を整理していました。当時和光小学校の低学年の教室には、背の小さな子でも黒板に出て、書いて説明できるようにと長い踏み台がありました。私はそこに座って、仕分けをしていました。すると、典也君がその長台に体を伸ばして寝たかと思うと、私の腿に頭を乗せて
「せんせい、うたって」

というのです。

「えっ?」

「さっきのうたって!」

「ああ、子守唄ね」

そう言うと、二年生でも大きかった彼を抱きかかえました。そうして背中を心地よくなるようにたたきながら

♪ねんねこ、ねんね、ねんねしな
典也はよい子だ、ねんねしな

と、先のわが家の子守唄を典也君の名に変えて歌いました。おかげで周りで見ていた子から
「こんどはぼくも」

「こんどはわたしも」

と延々だっこ子守唄をやらされました。

実は典也君は、優しい女の先生にはよく懐いていたのですが、男の私たちにはなかなか懐かないでいたのです。しかしこのときはじめて身を委ねて男の私に子守唄を求めてきたのでした。

そんな心地よさが典也君の心にも残ったようです。翌日、ママの連絡帳と合わせて、典也君から「あのねノート」に書いた「ぞうのこもりうた」が届けられました。

●昨日は、だっこで子守唄をうたっていただきありがとうございました。快い時間を過ごしたようで、大満足で帰ってきました。『鎌倉先生の子守唄は眠くなっちゃう子守唄なんだ。学校で眠くなったら勉強できなくなっちゃうから、困っちゃった』とうれしそうに話しておりました。先生の自作の歌を聞いてみたいです。

ぞうのこもりうた

ぞうさんおねんねしましょう
いいこだもんね
おねんねしましょう
ちいさなこえでうたっているから
おねんねしましょう

四月当初は、一時間の授業を二コマに小分けしていかないと授業に集中できなかった子たちでした。しかし五月の終わりごろには、やっと学級としてのまとまりができて、普通に一時間の授業として学習活動にとりくめるようになりました。友達の作品を楽しんで読み味わえる関係ができてきたことで他の授業の中でもみんなで学んでいく面白さを感じられるようになってきたのでしょう。

四　親子でひも解いて作る「誕生のアルバム」

■二年生の生活勉強「誕生」

さて、この子たちと早いもので締めくくりの三学期を迎える時期になりました。三学期に特に力を入れているのは、九九の定着のとりくみと、もう一つが生活勉強「誕生」の学習でした。

前年に桃絵ちゃんの家に赤ちゃんが生まれました。また、学校のとりくみとして幼稚園児や一年生との交流の機会がもたれていたことから、小さな子どもたちへの関心も高まってきていました。

しかし、幼い子との関わりは、低学年の子どもたちにとっては決して簡単なことではありません。無邪気な可愛さを感じる一方で、手がかかる煩わしさを感じてしまうことも少なくないからです。気が合わないと感じるとお構いなしに自分の世界で遊び始めてしまったり、中にはその苛立ちからたたいて泣かせてしまったりすることもあるのです。しかし、それでもこうした関わりの機会があることで、どうして分かってくれないのだろう、どうしてできないのだろうと考える力が育っていくのです。

そこで、自己中心的な世界から、周囲の人間を客観的に見つめていけるようになるこの時期に、人間は生まれてから児童期である今へとどのように育ってきたのかを見つめさせてみたい。それを一般論ではなく「自分史」として。そう考えて和光小学校では、二年生の締めくくりの三学期の生活勉強で、毎年「誕生」の学習を深めてきているのです。

守男君は気管狭窄のために、のどにチューブを埋め込んで呼吸をしなければならない生活が続いていました。今ある「生」は決して順風満帆だったわけではないのです。病気や苦悩と闘い、ケガやトラブルを乗り越えて、一人ひとりの今があるのです。ママやパパ、身近な人たちの温かい関わりの中で、小さな体にも関わらず自分自身の力で自分自身を築き上げてきているのです。その軌跡をたどらせ、今ある自分を素敵に輝かせて見られるようにしてあげたい。そう考えました。

このことはママ・パパたちについても同様です。さまざまな社会的ストレスや育児の疲れから「子どもが可愛く思えない」「子どもが煩わしい」と思っているママたちからの相談を受けることも何度かありました。そうした中で、親子で誕生から今に至るまでのドラマを掘り起こすことは、親子関係をとらえ直し、改めて絆を深くしていくことにもつながることでしょう。

そこで、大きく二つの節をもってこの年は実践を組んでみることにしました。

一つ目は、実際今妊娠または乳児を育てているお母さんや養護教諭にも登場してもらって、「赤ちゃんができるまで」の学習を進めること。

二つ目は、聞き取る活動をたどらせながら、「○○の誕生アルバム」を作ること。そうしてそれを見せ合いながら、一人ひとりの「生」を互いに実感し合うことです。

■実際の授業

●学習のねらい

①「赤ちゃんが生まれる」までを二年生なりに理解できるようにする。
②自分が生まれてから今に至るまでのエピソードをおうちの人から聞き取り、それを一冊の本にまとめる。そのことで、自分が育ってきた軌跡を見つめ、どうやって自分が育ってきたのかを学び、自分を客観的に見つめる目を養う。
③友達の生い立ちを聞き合うことで、その子を深く理解し合う機会にしていく。

●主な展開

第一次　赤ちゃんが生まれるまで……六時間

①赤ちゃん（二時間）

・自分が関わった「赤ちゃん」の様子を語り合う
・今の自分にはできるのに赤ちゃんにはできないこと
・今の自分と赤ちゃんの体
・みんなが知りたいこと

②お腹の中の赤ちゃん（二人による特別授業、二時間）
・お腹に赤ちゃんがいるママ
・産婦人科医であるパパ
③赤ちゃんが生まれるまで（養護教諭の特別授業、二時間）
・男の子の体と女の子の体
・赤ちゃんが生まれるまで
・みんなの疑問に答えて

第二次　自分史を調べて紹介し合う……………十一時間＋家庭学習＋朝の会
①聞き取り活動に向けて（一時間）
・先生の写真アルバムを見せながら語り聞かせ
・聞き取ってくること
・まとめ方
②聞き取り活動（家庭で）
・年ごとに強く印象に残ったできごとを順次語ってもらう
・その大筋を書き留めておく
③みんなの生い立ちを交流する（十時間＋朝の会）

・聞き取った乳幼児期の自分の姿を紹介する
・とっておきの写真、乳幼児期に身につけていたもの、使っていたものを見せて紹介する

第三次　アルバム作り……………………十時間

①アルバム作り（八時間）
・年ごとに見開きページで構成
・写真を貼ったり絵で書いたりする
・そのときの思い出を書く
・おうちの人からの手紙を渡す
・誕生の学習をしてきての感想を書く
・製本する
②学習のまとめ（二時間）
・「アルバム」を見せ合う
・感じたことを意見交流

■学習への理解と協力

この学習には、家庭の深い理解と協力が欠かせません。和光小学校ではすでに伝統の学習になっていて、知っていたり楽しみにしていたりするママ・パパたちもいます。しかし、さまざまな家庭状況などもあるので、毎年丁寧に趣旨や見通しを説明して、合意の上で進めていくことを大切にしています。まず四月の学年親和会（ＰＴＡ）で年間予定を話しました。その中で「誕生」の学習の趣旨と授業の見通しの概要も説明しました。

加えて、いよいよその学習に入る時期が近づいてきたところの十二月の学年教育講座（学期一回）の中でより詳しく学習の見通しと具体的に協力いただきたいことを説明しました。そうして養護教諭にお願いして、子どもたちが実際に学ぶ「赤ちゃんの誕生」の特別授業の内容を、実際の教具も使ってお話してもらいました。東京都ではこうした性に関わる授業に対する攻撃があった時期でしたので、尚のこと神経を使って授業構想を説明しました。そうした中で、幼稚園の年長の頃から「自分はどうやって生まれてきたの」とわが子に聞かれていた家庭が少なからずあったこと、わが子からのそうした問いかけに親としてどう答えたらよいのかと悩んでいたことが率直に打ち明けられました。また、わが子の疑問に恥ずかしがらずに話していくためにも子ども向けの読み物を紹介してほしいという要望も出されました。ちなみに本校では、性と生を見つめるためのコーナーを図書室に設けているので、その活用を勧めました。

そこで、具体的な活動として三つのお願いをしました。

一つ目は「誕生から今に至るまで」の聞き取りに応えていただきたいこと。

二つ目は子どもたちがその様子をイメージできるように、当時身につけていたもの・よく使っていたもの・写真などを見せてほしいこと。

三つ目に、子どもたちには内緒で全家庭から「お家の人からわが子へのメッセージ」を贈ってもらいたいということでした。

その三つ目のメッセージについては「どんなことを書いたらよいでしょう」「書く量に目安はありますか」という質問が出ました。そこで、以前担任したときの子が作ったアルバムを見せて説明しました。そのことでイメージができたのでしょう。この年も快くみなさん応じてくださいました。

■学級としての誕生会

「誕生」の学習とは別に、その子の誕生日（休日や長期休業日の場合は休み明け）の朝の会で、学級としての誕生会をしていました。

この年の誕生会のプログラムはつぎのようなものでした。
・誕生日の子の紹介

・教室を暗くしてロウソクの火をふく
・先生からのプレゼント①（手作りのプラ板ペンダント）
・みんなで歌ってお祝い
・先生からのプレゼント②（一つだけ先生にしてほしいこと）
・誕生日の子の話

朝の会では先に紹介した発表活動を毎日していて、一時間目に予定している学習活動に時間が十分取れなくなってしまうことが度々でした。ですから、本当に短い五分程度のミニミニ誕生会でした。

しかし、それでも前日から

「あした、なんの日か、おぼえてる？」

と、わざわざ自分の誕生日を私が忘れてはいないかと確かめに来る子もいるほど、楽しみにしていました。私も当日までに、おなじみの絵にその子の名前を書き入れたプラ板を作るのを楽しみにしていました。

さて、低学年を担任したときには毎年同じようにやってきたこのミニミニ誕生会ですが、この年新たに加えたことが二つありました。

一つ目は、「先生に一つだけしてほしいこと」（先生からのプレゼント②）

二つ目は、この朝の会とは別に、月に一コマ、○月生まれの子の誕生会として「集団あそびの会」

を入れたことでした。

「先生に一つだけしてほしいこと」を入れたのは、この年は持ち上がりでない二年生担任でしたからおそらく一年限りの関わりになるであろう。その一年間で、あの立歩きの四月当初の子どもたちを、厳しい生活指導による躾で落ち着かせるのではなく、担任と学級の子どもたちの関係を深めていくことで落ち着いていけるようにしたい。そう思って取り入れたことでした。

四月当初、誕生日だった子は、まだ私と深く関われていなかったことや照れもあって、帰りの会の後でよくしていた握手を、この誕生会で求めていました。しかしその後、休み時間に私が肩車して遊んだことが楽しかったようで、肩車して教室を一周することを求めてくる子が出てきました。さらに後になるとだっこやおんぶを求める子も出てきました。

二つ目の「集団あそびの会」は、とにかくバラバラで、授業中も一つまとまって学習を展開することができず、あちこちでおしゃべり。しかも、体育をやろうと並んで校庭や体育館へせっかく移動しても、着いた途端に走り回り始めて、みんなで準備体操するまでに一コマの半分を費やす。こうした有様でしたから、集団ゲームも成り立ちませんでした。

でも、それは「みんなで一つまとまってあそぶことが楽しい」という実感がもてないでいたことにあったのだと思うようにしました。ですから、体育の一コマの時間も、準備体操→集団ゲーム→その日の体育活動で進めるようにしました。そうして、「手つなぎ鬼」や「どんつけたじゃんけん」など、五分でも楽しめる集団ゲームを入れて、集団あそびの楽しさが少しでも持てるようにしました。でも、だんだん集団あそびの楽しさが実感できるようになると、五分では盛り上がってきたところで終わりになってしまうと、子どもたちも思い始めるようになりました。そこで、五月からになってしまいましたが、月に一回学級活動の時間を使って「集団あそびの会」を始めたわけです。

こうして誕生会をやっていくことで、自分の誕生への関心のみならず、学級の子ども同士の誕生への関心も深まっていったと思います。

■改めて赤ちゃん時代と比べてみる

二年生も終わりの三学期になりました。

四月からいよいよこの子たちも中学年に仲間入りとなりますが、当の子どもたちはまだまだ幼さをあちこちで残していました。しかしそうは言っても、入学当初とは格段に違う逞しさや賢さも備えてきました。たった一年でも、その成長を私は感じていました。中学年に仲間入りしていくにあたり、そうして成長していく姿を実感し、自分なりの目標をもって自分で自分を育てていける力をもって進級していってほしい。そう願って、低学年しめくくりのこの時期にいよいよ「誕生」の学習に入りました。

まずは、自分が見かけた赤ちゃんの姿を想起してみながら、今の自分と比べてみて、人間は八年間でどのような成長を遂げるのか、客観的に見つめてみることから始めようと思いました。

まずは一枚の写真を見せました。

「かわいい」

「あかちゃんだ」

「これってだあれ？　しってる人？」

「ああ、そうだよ。でも、それが誰かは最後のお楽しみ。ところで……」

ということで、「赤ちゃん時代にはよくしていたけど今はしていないこと」「赤ちゃん時代にはできなかったけど今ならできること」を思い起こして書いてほしいと、学習プリント❶を配りました。

すると途端に、赤ちゃんのさまざまな姿が、笑いも飛び交いながらあちこちで話されていました。

「あかちゃんのうんちってさあ、やわらかいんだよなあ」

「おれ、むかし、おふろでうんちしちゃたんだってさあ」

「おっぱい、すうよなあ」

「やだあ、おっぱいだって。やらしい！」

「ゆびもしゃぶってる」

「でもおまえ、いまだってすってるじゃん」

子どもたちというのは、小さければ小さいほど、こうしてうるさいほどにまずは話していくことで、誰もが同じテーマで考えていくことができるのです。ですから、しばらくはそうした賑やかなおしゃべりを、子どもたちの間を回って楽しく聞かせてもらいました。そうしてひとしきり時間を保障したところで、今度は鉛筆を持って、今まで話されたことを参考にプリントに書き込もうと指示しました。そうして書いたものを改めて学級の中で交流し合いました。以下は、たくさん出された中のいくつかです。

●赤ちゃん時代にはよくしていたけど今はしていないこと
・いつもだっこされている
・おっぱいをすう
・おもらしする
・おやゆびをしゃぶる
・たべさせてもらう
・ベビーカーにのっている
・おまるでうんちやおしっこをする
・いみのわからないことばをいう　　などなど

●赤ちゃん時代にはできなかったけど今ならできること
・工作できる
・九九ができる

・サッカーができる
・しをよめる
・ひらがな、カタカナ、かんじがかける
・おつかいができる　　　　などなど

出るは出るは。私は、それぞれ別の模造紙に発表されていくものをどんどん書き留めていきましたが、一枚ずつでは書ききれないほどでした。日々の中ではまだ幼く見えてしまうこともあったあの子たちでしたが、このときばかりは非常に今の自分を誇らしく語っているようで、とても頼もしく見えました。

最後によく学習に向かった子どもたちへのご褒美に、写真の赤ちゃんの正体を明かしました。実は私だったのです。

「ねえ、先生の赤ちゃんじだいってどんなだったの？」

この日の締めくくりに、両親からよく聞かされた赤ちゃん時代の私の様子を話しました。私の姿を通して、「赤ちゃん時代」の姿をより浮かび上がらせることになったでしょう。同時に私という人間をより身近に感じることにもなったのでしょう。根掘り葉掘りの質問に丁寧に答えているうちに、というに一コマの授業時間を過ぎていました。

■知りたいことがいっぱい

こうして、生まれたときから比べたら、どの子も劇的に成長してきていることが確かめられました。そこで、

「赤ちゃんが一日で急に変わることはないよね。少しずつ少しずつ成長していくんだね。そこで、これからの勉強でその成長の様子をビデオのコマ送りのようにして調べていくからね」

と、つぎなる学習課題を提起しました。そして

「まず赤ちゃんから今になるまでの成長について知りたいことを考えてみようね」

と言って、学習プリント❷に書いてもらいました。ふたたび賑やかなおしゃべりの後、書いたものを発表してもらいました。これも出るは出るは。山ほどの質問が出されました。

●生まれてから今までの成長について知りたいこと

・どうやってことばがおぼえられるようになったの？
・どうやってあるけるようになるの？
・どうやってシャンプーができるようになるの？
・どうやってじがかけるようになるの？

などなど

改めて成長を見つめてみると、「できるようになる」過程に関心が向いていきました。また、つぎのような問いも出されてきました。

・どうやってうまれてくるの？
・どうやって赤ちゃんはできるの？
・どこからうまれるの？
・うまれたときはどんな大きさだったの？
・うまれたときのパパやママはどんなきもちだったの？　　などなど

つまり、成長の過程のスタートとして、出産のときのことを知りたい。小学校二年生でも出産は大事な学習課題になっているのです。子どもたちは本当に知りたいと感じたときこそ、真摯に学び深めていくのです。「性教育バッシング」がいかに的外れか、改めて子どもたちの実態から痛感させられます。

■赤ちゃん時代の聞き取り

子どもたちの疑問は、つぎの四点に大別できると思いました。

①「○○」ができるようになったのはいつか知りたい

②それがどうやってできるようになったのか知りたい（ママ・パパの関わりなど）
③どうやって赤ちゃんが生まれるのか知りたい
④自分が赤ちゃんときの大きさはどのぐらいだったのか知りたい

そこで、③は養護教諭に協力をお願いして授業をしてもらおう。①②④は、家庭の聞き取り調査をもとに学習していこう。そう考えました。

そうして、聞き取ったことを書き留めておける学習プリントを用意して、改めての時間に、ふたたび私の写真を使って授業しました。今度は赤ちゃん時代から、今に至るまでの写真を見せて、大まかな年代ごとに私が成長してきた姿を紹介しました。こうして調査していくイメージを持たせて、おうちの人に聞いて学習プリントに書いてくることを説明しました。学習プリント❸にはつぎの項目と書き込める欄を設けておきました。

・生まれたときの身長と体重と足の大きさ
・すぐに生まれたの？　苦しかったの？
・生まれたときのぼく
・私ってどんな赤ちゃんだったの？
・赤ちゃんの頃によくしてくれたことは何？
・大変だったことや困ったことは何？

調べてくる期間は一週間です。そうして、書けた子から、朝の会や生活勉強の時間などを使って全員が発表することも話しておきました。家庭にはそれまでの授業の様子を丁寧に学級通信で紹介し、聞き取り活動を始めることも伝えました。「いよいよ来たか」という心構えがあったので、写真や当時の衣類やお気に入りだったおもちゃなどを用意して答えてくれていたようです。

■さまざまな事実が浮かび上がる

「聞き取り」を提起した翌日からさっそく、まとめてきたプリントと、当時の思い出のものを詰めてきた紙袋などを持ってくる子が出てきました。さっそく発表を始めました。一人ひとりが、思い出の品を見せながら、聞き取って書いてきたものを読み上げて発表しました。写真やへその緒などの小さなものはデジカメで撮り、投影機を使ってテレビの画面に拡大して見せました。衣類や靴などは現在の本人の体や足に当てがって大きさを比べて見られるようにしていきました。

守男君は、予定よりも四カ月も早く生まれたために、体重が八二九グラムしかなくて、長く保育器で過ごしていたことが分かりました。二年生では、ことばで知っていても、「グラム（g）」はイメージできません。そこで、それまでの発表でよく出てきていた数字としての三千グラムとおよそ八百グラムを、小麦粉をビニールに詰めて体感できるようにして持たせてみました。そこで、改めて平均体重の三千グラムと、守男君の出産当時の体重約八百グラムの違いが体感できました。その違いにびっ

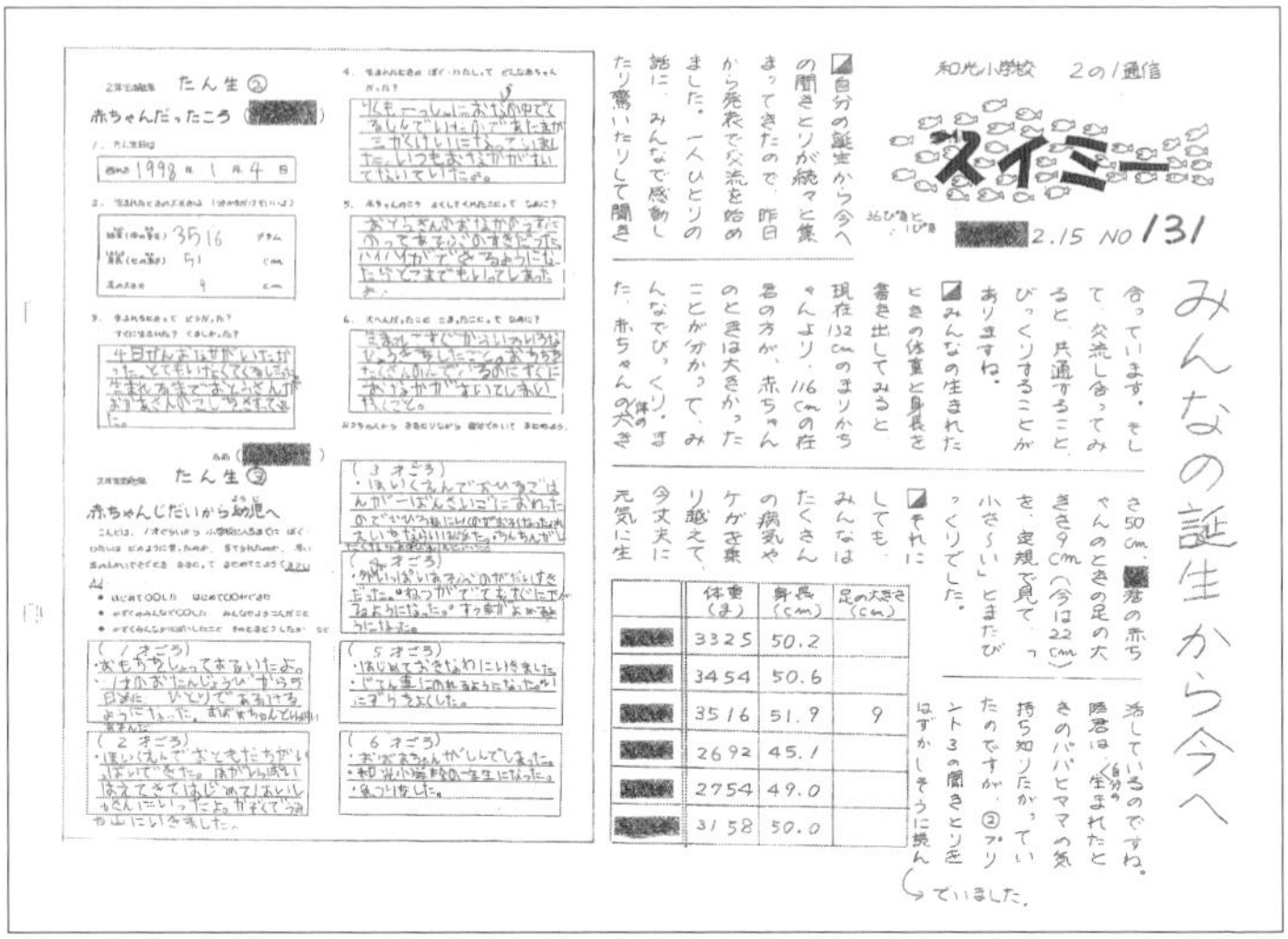
和光小学校 2の1通信

スイミー

36ぴきと1ぴき

[redacted] 2.15 NO 131

◪自分の誕生から今への聞きとりが続々と集まってきたので、昨日から発表で交流を始めました。一人ひとりの話に、みんなで感動したり驚いたりして聞き合っています。そして、交流し合ってみると、共通することもびっくりすることがありますね。

みんなの誕生から今へ

◪みんなの生まれたときの体重と身長を書き出してみると現在132cmのまりかちゃんより、116cmの在君の方が、赤ちゃんのときは大きかったことが分かって、みんなでびっくり。また、赤ちゃんの体の大きさ50cm、[redacted]君の赤ちゃんのときの足の大きさ9cm（今は22cm）を、定規で見て「小さ～い」とまたびっくりでした。

◪それにしても、みんなはたくさんの病気やケガを乗り越えて、今丈夫に元気に生活しているのですね。陸君は、自分の生まれたときのパパとママの気持ち知りたかったのですが、②プリント3の聞きとりをはずかしそうに読んでいました。

	体重（g）	身長（cm）	足の大きさ（cm）
[redacted]	3325	50.2	
[redacted]	3454	50.6	
[redacted]	3516	51.9	9
[redacted]	2692	45.1	
[redacted]	2754	49.0	
[redacted]	3158	50.0	

たん生②

赤ちゃんだったころ（[redacted]）

1998年 1月 4日

3516 グラム

51 cm

9 cm

たん生③

赤ちゃんじだいから幼児《ようじ》へ

（1才ごろ）

（2才ごろ）

（3才ごろ）

（4才ごろ）

（5才ごろ）

・はじめておきなわにいきました。

（6才ごろ）

・和光小学校の一年生になった。

◎学級通信「スイミー」131号（実践当時）

くりするとともに、

「もりお、生きててよかったなあ」

「うまれたときはすごくかるかったのに、いまはみんなとかわらないね」

という声が上がりました。守男君の他にも、四人がヘソの緒が巻き付いて生まれてきていました。また、七人が帝王切開で生まれてきていたことも分かってきました。そうして、そのたびに共感して声を上げている子どもたちのやりとりが度々ありました。聞き合いを通して改めて一人ひとりの成長を祝っているムードが教室を漂っていました。

面白い事実も分かりました。学級で身長も体重も一番大きかった陸人君と、逆に一番小さかった安蘭君が、産まれた当時はほとんど変わりがなかったのです。

「なにがちがうんだ？」

「りくとは、うんとたべるからだよ」

「サッカーとか、いっぱいあそぶもんね」

「あらんも、いっぱいたべて、いっぱいそとであそべばおっきくなれるよ」

というやりとりもありました。

■ママやパパの思いに触れる

愛ちゃんは、発表しながら一本の筆を取り出しました。

「これはね、あいがうまれたときにはえていたかみの毛でつくったんだって」

「え〜、かみの毛でふでつくってんの？」

「すげえ、うまれたときのかみの毛ってのこるんだあ」

へその緒や産毛など当時の体の一部が残されているものなんだということ、当時の愛用品であった衣類や靴、おもちゃ、食器などを家庭は大事に残しているということにも、驚きとともに感動をもったようです。早くに発表を済ませていた子が、みんなに触発されてママに頼み、改めて自分の家にも同様のものが大事に残されていないかと調べる子もいました。そうして見つけたものを改めて持ってきて、その子にとっては二回目の発表をするなんてこともありました。「大事に残されている」ということが、子どもたちにはうれしいのでしょう。

また、「聞き取り」の発表の中でも、とりわけ子どもたちがうれしそうに伝えているところがありました。それは「うまれたときにママやパパがよくしてくれたこと」を発表するときでした。「だっこ」「おっぱいをあげる」「一緒にお風呂に入る」「いないないばあした」など、ママやパパが全身でわが子を受け止め、関わろうとしていたことが改めて知れてうれしかったのでしょう。ママやパパに素直になれなくて「あのばばあ」「あのじじい」と言うこともあった良太君が、うれしそうに伝えていたのが印象的でした。小二で反抗的な態度を見せたとしても、実のところはまだまだ甘えたい盛りなのだということを感じさせられました。

■特別授業「赤ちゃんはどうやって生まれるの?」

これまでの学習の経緯や子どもたちの知りたいことを話して参考にしてもらいながら、養護教諭に特別授業を二コマお願いしました。二年生にも分かりやすい教具も用意してくれて、一回目は「男の子の体と女の子の体・赤ちゃんができるには」、二回目は「お腹の中の赤ちゃんの成長・出産」で授業してくれました。

二回とも一コマずつの授業では足りず、二コマ続きで二回の授業になりましたが、あの子たちが途中で抜けることもなく、目をどんぐりにして質問しながら学んでいました。

●智雄　らん子《し》とせい子《し》がいっしょになってはじめて赤ちゃんができるってわかったよ。赤ちゃんは、うまれる前は目に見えないぐらいのたまごだってわかったよ。赤ちゃんはうまれたとき、大きなこえでなかないといけないってわかったよ。目に見えないぐらいのたまごが、たったの一〇か月でそだっちゃうなんてびっくりしたよ。これからも、もっともっとべんきょうしたいよ。たくさんべんきょうできて楽しかった。

●美月　（前略）この間まで、赤ちゃんのことでい～っぱいぎもんがありました。きょうのじゅぎょうで、そのこたえがわかりました。（中略）赤ちゃんがどこからうまれてくるか？　私のいままでのいけんは……おしっこが出るあなかと思っていましたが、きょうのべんきょうでわかりました。うんちの出るあなと、おしっこの出るあなの間くらいなんですね。（中略）こんどもいっぱいおしえてください。

加えてこの年、ちょうどこの時期に出産間近のママがいました。また産婦人科医でもあるパパもいました。そこで、実際に妊娠してお腹が大きくなっている様子を改めて子どもたちに間近で見せてお話いただけないか、医師としてどうやって出産を助けるのかお話いただけないか、とそれぞれお願いしてみました。すると、快く引き受けてくれました。

お腹の大きなママは

「今、動いたよ。わかる?」

と大きなお腹を触らせて感じさせてくれました。産婦人科医でもあるパパは出産のときに使う道具や、お腹の中で動いている赤ちゃんの超音波映像などを見せて、分かりやすくお話してくれました。

●徹（前略）おなかをさわったら赤ちゃんがうごくのがわかった。ほねのところにあいているあなから出てくることがわかった。さいしょは、耳やあたまや足は見えなかったけど、そこから五か月たつと、見えなかった耳やあたまや足が見えるようになった。うまれるちょくぜんに、おなかがいたくなることもわかった。

■成長の姿の聞き取り

今度は赤ちゃん時代から今に至るまでの聞き取りを提起しました。歳ごとに変化を辿るのは結構難しいことのようで、「おかげで未整理だった写真の整理ができましたよ」と後日語ってくれるママもいました。

ここでも、全員が聞き取ってきたことを発表し合いました。今度はたくさんの写真が届きました。しかし一人当たりの発表時間をある程度制限しないとやりきれないので、だいたい歳ごとに一枚で、八歳として一人八枚まで投影機でテレビに映して紹介しました。

こうして写真で成長の姿を見ながら聞き取ったことを話してもらいました。みんなが共通する姿とその子なりの姿が徐々に見えてきました。

ほぼ共通していたのは、つぎの五点でした。

・はいはいから歩き出すようになるのが一歳
・二歳になると歯が生えてきていて離乳食が始まる
・三歳ごろになるとことばがしゃべれるようになる
・五歳ではみんな幼稚園か保育園にかよっていた
・六歳のとき小学校に入学した

一方で、自転車に乗り始めた時期や、なわとびが飛べるようになった時期など、技術が伴うものについては、それぞれ体験の有無や、体験した年の違いが出ました。共通する姿とともに個人差もあることを話しました。

■おうちの人からのメッセージ

使って良い写真があれば貼る。なくても絵で当時を想像して描いてもよい。そこに調べてきた事柄を書き込んで、一歳ごとに見開き一ページを目安に作っていく。そのように指示しました。今まで『一年間の思い出アルバム』『麦からパンへ』の絵本作りも経験してきているので、子どもたちは昔の自分の姿を友達に語りかけながら書き進めていけました。私は、進度に大きな遅れが出ないように声をかけました。また、何をどう書き込んでよいのか分からない子のために、参考になりそうな子の紙面を見せてイメージさせたりもしました。そうして、一枚書き上げるごとに、背合わせして貼りため、アルバムの完成を応援しました。

さて、子どもたちがアルバム作りを始めたのと同時に、中の見えない封筒を、子どもたちを通して各家庭に届けました。封筒の中には、以前お願いしていた「おうちの人からのメッセージ」の記入のお願いと、子どもたちがアルバムとしてまとめているのと同じ用紙を入れておきました。そうして、またまた一週間での返却をお願いしました。

早い家庭はさっそく翌日に届きましたが、ほとんどが締切日直前でした。子どもたちはその計画そのものを知りません。ですから、今度は家庭から渡される中身の見えない封筒に、「なにがはいってるの?」と聞いてきました。「大事なもの」とだけ答えておきました。

一日一枚を仕上げていくペースで、子どもたちのアルバムも仕上がってきました。子どもたちが帰った後、子どもたちのアルバムの最後に「おうちの人からのメッセージ」を貼りました。そうして全員がここまで完成したところで、子どもたちに一度戻しました。本らしくなったので大喜びでした。

アルバムを手にした子から、自分が書きためてきた紙面の一枚一枚をしみじみとめくって見ていました。そうして学習してきたことやアルバムにまとめてきたことの達成感を味わっていました。

◎誕生のアルバムの１ページ（2007 年度撮影）

ところが、あちこちから「なにこれ？」という声が上がり始めました。

「みて、ママだあ！」

「ほんとうだ。ぼくのにもある！」

「パパからもあるよ」

「いいなあ。ぼくのもついてるのかな」

「はやくくばってよ」

という声が上がり出しました。

家庭からなかなか届かなかったわけは中身を見てうなずけました。どの家庭も、心からのことばを練りに練って書いたのだろうと胸の熱くなるものばかりでした。中には、紙面をありったけデコレートしてメッセージを書いているものもありました。

●大好きな恵太へ

（前略）いつもいろいろなことに目をか

がやかせてとりくむ恵太。にが手なこともがんばってとりくむ恵太。楽しかったことをむちゅうになって話してくれる恵太。友だちとあそんでいるときのはじけている恵太。しっぱいしたとき、ケンカしたときのかなしい（ときどきなきがお）の恵太。ママがびょうきしたとき心ぱいしてくれる恵太。そしてえがおの恵太…ママはどの恵太もだ〜〜いすき♡です。いつまでもキラリン☆とかがやいている恵太でいてくださいね。これからもよろしく！　ね。　ママより

●大好きなともおへ

（前略）ともはいままで、つらいことやかなしいことあったと思うけど、いっしょうけんめいのりこえてきたよね。ともはかっこいいなあと思います。そして、ほんとうにやさしくて、たくましい子にそだってくれてうれしいです。ともが生まれてきてくれたおかげで、ママもげん気をもらったよ。ありがとう！　これからもないたりおこったりわらったりしながら、パパとママと楽しい思い出をたくさん、たくさんつくろうね。　ママより

ともの、とってもとっても大きなわらいごえは、パパやママやみんなをげん気にしてくれるよ。これからももっともっとパワーアップしてね。　パパより

■子どもたちからのメッセージ

「おうちの人からのメッセージ」の感動に浸ったところで、「最後に今まで『誕生』の勉強で分かったこと・感じたこと、自分の成長を見てきたり『おうちの人からのメッセージ』を読んで感じたりしたことを、今度はみんながおうちに人に向かって書いてね。この『アルバム』の最後につけるよ」と話しました。いつもは賑やかな学級ですが、このときはしんとして最後のページを飾る用紙に鉛筆を走らせました。

●ママ・パパへ

いままでありがとう‼　本かんどうしたよ。ミーはパパとママのみかただよ。ねつとかはしかで、かいしゃやすんでくれてありがとう。0さいのときできなかった、さんすうやこくご、生活べんきょうができるようになったよ✌　和光小学校にいれてくれてありがとう。とってもとっても楽しいよ。九九もママやパパのおかげでもうバッチリー。この本だって、ママ・パパのおてつだいでできたんだよ。これからは、あさ早おきするよ。パパ・ママがちこくしないように☺　おんがえしするよ。（中略）これからもよろしくおねがいね～。パパとママ大々大々大々～すきだ

からね‼（中略）パパとママのそばにずーっといたいよ。いつまでもささえあおうね♡（美月）

翌日、最後の表と裏の表紙を描きました。「どんなアルバムのタイトルにしたらいいかな」と問い返して、イメージを出し合いました。「たん生のドラマ」「せいちょうのアルバム」「1才から8才までのドラマ」「1才から8才までのたび」などのタイトル案が出されました。それらを参考に自分なりのタイトルをつけました。さらにそれぞれの面に描きたいことを描いて完成させていきました。

こうして仕上がった一人一冊の『誕生のアルバム』を持って、二年生最後の学級懇談会を開きました。

「一人ひとりこんなすてきな絵本にまとめ上げましたよ」

と全員分をまず掲げて見せると、一斉に拍手が起こりました。

「今からお配りしますが、字の上手い下手、作られている一枚一枚の上手い下手で見てはいけませんよ。それよりも、どんな自分の当時を書き残したかったのか、一歳ごとに読み取ってあげてください。そして、実はみなさんに書いていただいた『メッセージ』の後に、今度は『子どもたちからのメッセージ』がありますから、ぜひ読んでみてください」

と話して配り始めました。

「わあ、見て、こんなこと書いてる」

隣り合わせた親同士で見せ合いながら、しばしワイワイわが子のもの、さらに交換し合って子どもたちの『アルバム』を見ていました。

ひとしきりの興奮が収まったところで、小学校二年生をともに過ごしてきての思いを一人ひとりに語ってもらいました。笑いあり涙ありの最後の懇談会となりました。改めて子どもたちの成長を確かめ合えました。

■この学習の持つ意味

智雄君のママが、この実践を振り返ってつぎのような文章を寄せてくれました。

●（前略）最後に『僕の私の誕生アルバム』作りへと進みました。子どもたちの聞き取りにうまく答え、子どもがイメージ化しやすいようにと赤ちゃん時代の写真さがしを始めたのですが、最初は遅々として進みませんでした。

理由は、私のつらかった出産経験とマタニティーブルーの授乳期を思い出したくなかったためでした。しかし、先生からの通信で、クラスメートの聞き取り発表の内容（愛らしい写真やかわいい声のMD、そして体重八二九グラムで生まれたM君の壮絶で見事な成長ぶりなど）を知る内に徐々に前向きになる自分がいました。

（中略）その間、親は子どもには内緒で「親から子へ贈るメッセージ」を創作することになっていました。たった二ページ、されど重い二ページ。アイディアに数時間、制作に数時間。完成したときはもう明け方でした。そして読み返してみると涙があふれてわが子への愛情がこみ上げてくるのを感じました。

（中略）今回の「誕生の学習」という親子の共同作業を通して、子どもも親も大きく成長でき、より絆が深まったと思います。子どもは自分が大切に育まれたことが実感でき、家族へのまなざしがより温かいものにかわり、ひいては学びを共有した友達への思いやりにも繋がりました。（中略）育児から逃避したくなる日々もありましたが、今回、命を育むことの大切さを知り、子どもの笑顔や成長をみていくことがなにより嬉しいと思える自分になり、育児の原点に戻ることができました。

（中略）息子の今後の成長が今からとても楽しみです。

子育てや親との関係に悩んでいる人はかなりの数に及んでいると思うのです。そうしたとき、学校が親子関係を修復するなんてことはできません。しかし、学校ができるとすれば、こうして親子が共同して楽しめる学習活動を組むことだと思うのです。何で共同できるかは、その地域や学級に集う家庭の環境も考えなくてはいけないので一筋縄ではいかないでしょう。しかしどんな小さなことでも何かしら見い出せるのではないでしょうか。

和光小学校では、この「誕生」の学習がすっかり根付いています。ですから、よほど家庭環境上配慮しなくてはならないケースを除いては、むしろこの学習に向かえることを楽しみにしている家庭が少なくありません。それでも、学年はじめから計画を伝え、理解をしっかり得ておかなくてはできない学習活動だと思います。親子で共同する学習活動を企画する際は、そのぐらい丁寧な理解と合意を早くから形成しておくことが大事です。

いずれにしましても、この「誕生」の学習で、子どもたちはママ・パパ、周囲の大人や仲間の力の中で自分が大きく成長してきたことがわかり、ママ・パパたちはわが子の成長ぶりを確信し、親子で愛着と絆を深めていくことができたと思います。この学習で締めくくるように、それから間もなく二年生としての学級を閉じ、四月から新しい学級へ進級していきました。担任当初を思い出すと笑えてしまいますが、よく二年生なりに育ってきたなと思います。

五　改めて低学年教育を考える

小さければ小さいほど躾けて育てようとします。親子で過ごす家庭ではその躾も大事にしていかなくてはならないと思います。しかし、学校は家庭と違って、横にも縦にも集団で育ち合う場です。ルールやマナーは実践的にしっかり身に付けていけるようにすることは欠かせませんが、管理主義になってしまっては、学校のよさが死滅してしまいます。

低学年期に大切なのは、子ども同士が協力して学びや生活をつくっていくことで、「みんなと一緒に学べていいな」と実感できるようにしていくことだと思うのです。それが学校に嫌がらずに通える大きな力にもなるのだろうと思うのです。あの子たちが少なくとも人並みに学習に向かえるようになったのも、詩のとりくみにしろ、この「誕生」の学習にしろ、つまるところ一人では味わえない、みんなで学び深めることが楽しかった。そこをやっと感じ取れるようになったことにあったのだと思うのです。

第二部　やんちゃ盛りの中学年の学級で

一「小学校中学年」という時期

小学校生活にもすっかりと慣れ、どこに何があるのかもかなり理解し、学校中のあちこちに行ってのびのび生活する姿が見受けられます。生活の中心地である家・学校・教室を離れて今自分がどこにいるのかをほぼ正確に把握できるようになって、例えば学校と家の往復の合間に寄り道を楽しんだり、友達の家やお店へ行ったりしても家まで戻れるようになります。自転車運転も身に付けて行動範囲が広がったりもします。

さらに、今まで大人の力を借りなくてはできなかったさまざまな活動・作業・学習も自力で行い、自分自身で理解を深め、自分なりに応用してモノを作ったり量産させたりしていけるようにもなります。

自分に自信が持てるようにもなってきているので、色々とやってみたくもなります。泣くだけで不快を示したり要求を押し通したりしようとしたりはせず、「〜だから嫌なんだ」「〜だから〜がしたい」とことばで自分を理解してもらおうとするようにもなってきています。行動的で自己主張も立派になってくるので、頼もしく感じるとともに、見方によってはやんちゃで危なっかしく見えたり、生意気になってきたと感じられたりもするわけです。

この時期の子どもたちには、自分の世界を目的意識的に広げようとして成長の蕾を開花させていくが如く、大人が見守りつつも冒険的に挑ませてみることが大切だと思います、その際、自分の考えや思いをことばで伝えられるようにもなってきていますので、よくその考えを聞くことが大切です。そうして求めに応じて今度は大人なりの考えや思いも伝えながら、大人と一緒にやった方がよいこと・一人でできること・大人でないとできないことを確かめ、子どもでもできることには試行錯誤を繰り返していいからとことん挑むことを見守り励ましていくことが大切だと思います。

二　中学年ではじめて出合う科目

■和光小学校の「総合学習」

三年生になると、今までにない新たな学習活動に挑んでいきます。公立学校でも「生活科」からより系統的な「理科」「社会」として学習を進めていくことになりますが、和光小学校では、さらに「技術工作」「総合学習」も始まります。

まずは「総合学習」について紹介します。全国でも二〇〇一年の学習指導要領の改定により「総合的な学習の時間」が導入されましたが、民間教育研究運動の中で「総合学習」の必要が議論されていた一九七〇年代に和光小学校ではすでに導入していました。教科学習が教師が練って作った学習計画に基づいて系統的に学習を深めていくのとは対照的に、子どもたちが深めたい・その時々で子どもたちとともに深めてみたい事柄を、子どもたちと一緒に計画を立て、一緒に調べて解き明かしていくように学習を進めていきます。ですから、総合学習ではその年限定で深めてみるテーマも、その年から新たに生まれ引き継がれていくテーマというのも可能です。ロマンある学習活動が展開されることが十分あり得る科目です。

本校ではそうしたロマンある学習活動を実践し集団検討を重ねてくる中で、その学年にかみ合った左のようなベーシックテーマを定着させてきました。

三年	「かいこ」	「からだ・病気・けが」	「異文化国際理解教育」
四年	「多摩川」	「私たちの体の成長」	「異文化国際理解教育」
五年	「食」	「思春期の心とからだ」	「異文化国際理解教育」
六年	「沖縄」	「憲法」	「異文化国際理解教育」

これはみなでとりくむことになっているテーマです。和光小学校では、毎年上級学年が一つ下の下級生に「伝える会」をしてつぎの学年での総合学習へのモチベーションをつくってきています。しかし、テーマは決まっているものの、具体的な学習活動では大いにその年のオリジナルも大事にされているので、ロマンが損なわれることはありません。むしろ、先の学年の総合学習への楽しみや憧れを早くから抱いて、その年がやって来ると始めから意欲を燃やしてとりくむ子も少なくありません。

このほかにもその年ならではのトピックテーマにもとりくめるようになっています。ベーシックテーマを安易に固定させてしまうと、その年の子どもたちとロマンをもって一緒に作り上げる面白味が損なわれてしまうからです。

とりわけ総合学習では、子どもたちが持ち込むものを大いに歓迎し生かしていきます。持ち込むものは具体物や話題はもちろん、研究企画も含みます。ですからベーシックテーマであっても、毎年その年ならではの面白い展開が可能なのです。

■和光小学校の「社会科」

和光小学校の社会科は独自の学習プランに基づいて構成されています。そのねらいはつぎのとおりです。

①自分とつながる家族・学校・地域の人々への関心を高め、労働に深く目を向け、地域や社会

の課題を見つめる子どもを育てる。

②今を生きる子どもたちの要求に応え、主権者としての確かな社会認識を育てる。

「博学な子ども」を育てるのではなく、「主権者」に育つことに目標を置いています。だからこそ、「今を生きる子どもたちの要求に応え」「地域や社会の課題を見つめる」ように、内容と方法を工夫しています。主な学習テーマは左の表通りです。

三年	「地域探検」　「昔と今」
四年	「地図帳」　「東京」　「水・下水」　「ゴミ」　「東京のうつりかわり」
五年	「日本の国土」　「産業」　「流通」
六年	「現代から歴史を遡る日本の歴史」

「主権者としての社会認識」は「教科書」を読んで理解するだけでは「確かな」ものにはなりません。「確かな社会認識」は、学習内容が「主権者」に育つにふさわしいテーマ・計画・題材であるだけではなく、その学習を追求していく展開もまた「主権者」にふさわしいものでなくてはなりません。そこで基本資料を用いながらも、その具体的な内容では常に新鮮な情報で学べるよう新しい報道や情報を入手し学べるように努めています。さらに子どもたちの謎に基づいて、資料で調べるだけではなく、校

外に出て調べることを大切にしています。そうして直接訪ね、見たり聞いたり体験したり、あるいは教室にゲストを招いてじっくりお話を聞いたりして、現場や人と関わりながら学ぶようにも努めています。また、聞いたことをしっかりと自分のことばでまとめ、必要に応じて周囲に伝えることも大事にしています。こうした一連のとりくみの中で、「確かな社会認識」は身に付くものと考えています。

ですから、教師は資料探しとともに、事前のフィールドワークも大事にします。社会科の、他の教科にない特色は、教材研究においても実際の学習においても、このフィールドワークに尽きるのではないかとさえ感じています。これをしてこそ「生きた社会科」「開かれた社会科」になるのではないでしょうか。

三　地域は学習の宝庫

■中学年で担任した二つの学級

中学年初期というのはまだまだ生活力の違いが表れてしまう時期です。とくに三年生ではじめて担任した子どもたちは、生活力でかなり個人差がありました。すでに高学年がよく話題にする恋愛・アイドル・おしゃれに興味を持つ子もいれば、まだ低学年の延長で何事においても聞いて確かめてからでないと行動ができないような子もいました。

前者は往々にして主張の強い子で、後者は弱い子でした。そうなると、「強い子」が「弱い子」に普通に自己主張しただけでも「弱い子」は「強く言われた」と教師に助けを求めに来ます。そして家でもその様子を「弱い子」の立場で語るため、ママからも助けを求める相談がくる、ということがよくありました。こうなると親同士も懇談会で、「うちの子は強いかもしれないけど普通に話しているだけ」「弱い子の立場も分かってほしい」と、ともすると敵対的な議論になりかねませんでした。

「できないことがあればやってあげるのではなく、うまくいくアドバイスはしながらもうまくいかなくてもいいから最後までやり通せるようにする。そうして、自分でやり通せた達成感を持たせていくことが大事です。何でもてきぱきできる子であれば、自分のことだけでなく周囲にも目を向けて、友達を励ますことのできる力を伸ばす。そうした見方で互いに育ち合う子ども関係を大人が支えていきましょう」こう子どもたち・ママ・パパたちにも語りかけながらとりくんできた二年間でした。

中学年担任二回目の子どもたちはとても仲が良く、何をやるにも乗りのよい子たちでした。男の子たちは探検的冒険的な学習活動が大好きで、色々な物を見つけては目を輝かせて「何だろう」と興味を示して調べたり、働く人に気軽に声をかけて色々なことを聞き出したりするような子たちでした。どちらかと言えば女の子に苦労しました。体格的にもすでに思春期を感じさせるような子たちがいて、その子たちが陰でコソコソ話すことがありました。その様子から勝手な噂話や悪口を話しているのではないかと誤解を招かれて、女の子同士で火花を散らせることがありました。

■実際に歩いての地域調査

中学年の社会科では地元の地域に始まって、市町村・都道府県とその学習対象が徐々に広げられていきます。地域学習での教科書はあくまでもある地域を例にして、その特色のつかみ方を示しています。ですから、教科書でその例を概括し、読み取ったとしても、それで終わりにしてはいけないはずなのに、それでよしとして終えてしまう授業が実際に多いのです。これでは「知識としての社会科」を学んだことでしかありません。これでは何よりも大事な「社会科の面白さ」を実感できないことになってしまいます。さらに問題なのは、「知識としての社会科」で済ませている教師は、自分自身が社会科の本当の面白さを実感できないままに子どもたちと授業をしていることだと思っています。

「好き」な子が比較的多い教科や学習活動は、例えば体育なら運動、音楽なら歌や楽器、理科なら実験や観察というように、それぞれの教科独自の楽しさが子ども自身にも教師にもイメージできます。では、社会科独自の楽しい学習活動といったら何を思い浮かべるでしょう。「都道府県名を覚えること」「歴史的でき事を覚えること」というように、「覚える教科」にとどまっているのが悲しい現実ではないでしょうか。ですから、「難しい」と言われてしまっている国語や算数に次ぐ「嫌い」な教科になってしまっているのだと思います。

では、社会科独自の楽しい学習活動とは何なのでしょう。そもそも戦後社会科の誕生をひも解いてみますと、今の総合学習がイメージされていたのではないかと思うのです。自分たちの地域を見つめ訪ね歩いてそのよさを模擬体験も交えて再認識していったり、課題も再認識してこれからの町づくりを考えたりしていくというものだったのです。つまり、校外の学習目的地に実際に出かけて現場を見たり、そこで働いたり暮らしたりしている人に直に聞いたりして、地域（地元・市町村・都道府県・日本・世界）の実態・よさや課題を再認識していこうとしていたのです。その意味で、社会科の面白さとは、歴史学習や公民学習も含めて、「実際に歩いて地域調査していく面白さ」に尽きるのではないでしょうか。

教科書を頼りにした授業をしていて、「題材を探し出す面白さ」に気付かないままでいる教員が多いことをとても残念に思います。まずは、子どもたちと調査していく以前に、教師自身が学習対象となる地域を訪ね歩き、そこで学習対象になり得る事象や現場、人を見つけ出していくことが大事だと思うのです。

私は教師十九年目ではじめて中学年担任になりました。

中学年はとりわけ地元地域の学習から始まるので比較的調査もしやすいのです。中学年を担任することになった私が最初に手を付けたことは、それぞれの教科内容やプランをよく理解することとともに、地元地域を再認識することを目的によく見て歩き、興味あるものに出合ったら聞き込んでみることでした。

■学校のある地域

和光小学校がある世田谷区経堂・桜・桜丘地域は基本的には住宅街です。そのために、時々「うるさい」と近隣住民から苦言をいただくことになってしまいます。学校の周囲は大きな通りからも少し距離があるために比較的静かなのです。とは言え、こちらの配慮ばかりですと教育活動が委縮してしまいます。そこで、地域への気遣いを欠かさぬ努力をしながら、もう一方で学校の教育活動を理解していただくことも大事にしています。

ところで、和光小学校は私学ですから、電車やバスを使って通う子たちが少なくありません。学校の最寄り駅である小田急線経堂駅は、「大根踊り」で有名な東京農業大学（農大）の学生さんと、いくつかの私立の中高校生たちも利用しています。通勤の方もたくさんいるので、駅から延びる商店街は朝から夜一〇時ぐらいまで賑やかです。住宅街という立地条件のためか大型店が入ることもないために、地元商店街が元気です。しかし、よくよく見ていると店の入れ替わりが少なくありません。地元の方のニーズだけではやっていけず、流行に敏感な学生さんたちの動向にどうしても経営が左右されがちなのでしょう。

一方で歴史のある街でもあります。駅から東西に足を延ばして歩いていくと、武家屋敷や城跡の石垣、由緒ある寺院が点在しています。都内では珍しい「ちんちん電車」も近くを走っています。

さらに、駅とは反対に足を延ばしてしていくと、所々で畑に出合います。農大があるせいか、あるいは逆で都会の住宅街であっても農業が残されるような土地だから農業系大学が栄えるのかという感じです。都会の貴重な緑を守るとともに、そこから生まれる土からの恵みは近くの市場だけでなく、路地でも手軽に手にすることができます。

■子どもたちの目線で

はじめて三年生を担任したときの子どもたちと社会科学習にとりくみました。まずは、地元地域の地図を見ながら、そこにある地図記号でおよその特徴を確かめました。すると、記号を面白がって「交番がある」「消防署もあるんだ」と、記号の一つひとつが地元地域にあることを喜んで確かめていました。そうして、駅を中心に商店が南北に延びていること、お寺が所々にあること、意外に畑が点在していることなどの特徴が概括できました。

そこで、まずは利用している子が多い経堂駅周辺の二つの商店街を、地図に描かれている道で確かめてみました。商店街ですから、店先には子どもたちの目を引く商品がたくさんあって、その一つひとつに興味を示しました。しかし、今回のねらいは街の様子をつかむことにあることを話して歩みを進めました。

すると商品ではなく、二カ所で店そのものに興味を示しました。一つは、大きな入口に暖簾がかかり、瓦の屋根の裏に高い煙突が見える店でした。もう一つは、逆に小さな入口に所狭しとおもちゃやお菓子が置かれている店でした。

「あの高いえんとつの工場は何?」

「あのおもちゃやさんに入りたいな」

こうした疑問や興味の声が、後ろを歩く子どもたちから聞こえたのでした。しかし、それは工場でも単なるおもちゃ屋さんでもないことが私には分かりました。一軒は銭湯で、一軒は駄菓子屋でした。聞き逃してしまえばそれまでですが、子どもたちが関心を寄せた二軒が妙に気になりました。実はこの二軒は、経堂駅から学校までの道とは反対で、私も深く調べたことがない方の商店街にありました。しかも、この二軒は、平成生まれの子どもたちにはその存在が忘れられてしまっているようですが、戦後の時代には欠かせないと言ってよい、どの地域にもあったようなお店でした。そこには何らかのこだわりがあるはずです。

私はさっそくお店が忙しくないであろう平日の日中、担当授業のない時間を使って、その二軒を訪ねて取材してみました。銭湯では三回目の訪問でやっとお会いできました。午前中はいつも閉まっていたからです。夜お店を閉めた後深夜にお風呂掃除をして一日を終えるので、午前中はお休みされているのです。自分たちとは違う、銭湯を営む方々の生活時間をまず身をもって教えられました。これ自体が私にとっては新鮮な驚きでした。

銭湯「塩原湯」を営んでいる本田孝之さんから話を聞き込んでいくうちに、経営的にはきびしくても毎日開店とともに馴染みのお年寄りが楽しみに来られるので店を締めないで頑張っていること。昔は薪だったが近隣の住宅からの苦情で今は重油でお湯をわかしていること。浴場の壁画を描く絵師が都内にはもう二人（当時）しかいなくて車で寝泊まりしながらあちこちの銭湯で描いているみたいだということ。本田さんはやさしく話してくれました。

「駄菓子屋かじやま」のおばあちゃんは、嫁いできた頃はまだ電車が通っていなくて馬車が走っていたこと。子どもたちがお腹を空かせているのを見て子どもたちに食べるものを運んで来てあげたいと思って駄菓子屋を始めたこと。今は電話で注文できるけど始めた頃は電車を乗り継いで問屋に買い付けに行き、背負って帰ってくるので半日まるまるかかったことを話してくれました。

街の人々の暮らしを支えることにこだわって、経営的には苦しい中も頑張ってお店を開いている人たちが、この商店街に確かにいる。この事実をぜひ子どもたちに直に触れさせたい。お話を聞かせたい。そう感じました。お金を持って実際に客として訪問しながら、あわせてお店でお話を聞かせていただきたい。そう懇願して、了承をとりつけました。

■銭湯体験

学年会（学年担当教員団の会議）でこの報告をして、さっそく二学級そろって、まずは銭湯体験・調査活動に出かけることにしました。予め学習のねらいを学年通信で家庭にも伝えて、当日は既定の

◎「塩原湯」の店主本田さんのお話を聞く（2011年度撮影）

料金を一人ひとりが小銭で持参し、学習ノートと筆記用具、それにタオルとバスタオルを持って出かけました。わざわざその日は、開店一時間前に子どもたちのために開放してくれました。

まずは銭湯とはどういうところかを話していただき、「質問コーナー」の時間をとりました。

「おうちにお風呂があるのになんで銭湯をやってるんですか？」

「何時までやっていて何時にねるんですか？」

「どうして富士山の絵なんですか？」

「一日何人ぐらいお客さんが来ますか？」

子どもたちの質問は途絶えませんでした。「どうやって燃やしてるんですか？」という質問に気を留めてくださったのか、入浴体験の後に、特別サービスで銭湯の裏側も見学させてくださいました。

「おじさんも頑張るから、みんなもぜひお父さんやお母さんと、たまにでも銭湯に来てね」

最後のことばには深い思いがこめられていました。

その後両クラスの男子はまとめて私が、女子はもう一つのクラスの女性教諭にお願いして、男女それぞれで銭湯体験しました。二〇分ほどの行水のようでしたが、「温泉みたい」と家庭とは違う大きな湯船を楽しんだり、背中を洗いっこしたりして、銭湯そのものを楽しみました。壁の向こうからも、女の子たちの甲高いうれしそうな声が浴場内にこだましていました。

授業としては日を改めた社会科の時間に、体験・聞き取りで分かったことをまとめて、交流したところで一区切りでした。ところが、探検・冒険してみたくなるやんちゃ盛りの中学年の子どもたちは、この「塩原湯」体験・聞き取り調査の後、家で楽しそうに報告したのでしょう。「それならば」と親子で地元の銭湯に行ったり、自分たちで銭湯を探し当て親に付き添ってもらって地元銭湯体験・聞き取り調査をしてきたりして、学級で報告してくれました。中には、昼間は勉強して深夜銭湯の浴槽掃除のアルバイトをしている農大生がいることを突き止めて、お話を聞いてくる子もいました。

■駄菓子屋探検

今度は「駄菓子のかじやま」体験・聞き取り調査に出かけました。店内が狭いので今度は学級単位で行きました。ふたたび学年通信でねらいを伝え、今度は百円と社会科グッズを持って出かけました。

◎駄菓子屋体験で話を聞かせてくれた「かじやまさんのおばあちゃん」（実践当時）

まずは班ごとに店内を見学しながらお買い物。その上で店の脇の小道にしゃがんでお話を聞くことにしました。中学年担任二回目の年には周囲に気を取られることなくお話が聞けるように買い物後に学校に来ていただいてお話を聞きました。

「お菓子はどこから買ってくるんですか？」

「いつからお店をやってるんですか？」

「どうしてお菓子屋さんを始めたのですか？」

若嫁さんにことばを補足していただきながら、おばあちゃんが答えてくださいました。

「さっき、小さい子を連れたお父さんが来たろ。あのお父さんはな、昔あの小さいぼくの頃からよくお店に来てくれててな。今度はお父さんになって子どもと一緒に来てくれてるんだよ」

長く店を続けている中で、子どもたちの成長をわが子の成長とともに見つめてくれている、やさしいおばあちゃん。そんな人柄が、店を続けてきている大きな原動力だったことがよくわかりました。

一回目に担任したときの三年生は、帰ってからの教室で面白いことを始めました。教室に戻った子どもたちには特別に、教室内で限られた時間だったら買ってきた駄菓子を食べてよいことにしていました。

「何買ったの？　見せて」

「私にも食べさせて」

と買って来たものを見せ合ったり、お裾分けし合ったりして、楽しんでいましたが、そのうち
「これ、どこで買えるのかな？」

と、恐らく自分の地元で買えないものかを確かめようと思ったのでしょう、パッケージの袋の製造元を見始めたのです。都道府県を知っている学年ではありませんが、「東京都」は分かっていました。

「これ東京で作ってんだ」

と言う子がいました。すると、つぎつぎと食べながらパッケージを見始めました。そこで、

「ねえみんな、食べた後も、袋は捨てないでとっておいて。後で勉強に使えそうだから」

と指示しました。

日を改めての社会科の時間に、「駄菓子のかじやま」体験・聞き取り調査で分かったことをまとめ、交流し合いましたが、その後

「ところでみんな。この前食べながら作られた場所を見ていたけど、読めない人もいたし、どこのことか分からない人もいたでしょ。今日はこれを使って、駄菓子の作られているところも調べてみよう」と提案して、模造紙に予め書いて用意しておいた日本の都道府県区分の白地図を黒板に張りました。

そうして、一人ずつ袋を持ってきてもらって、

「これは茨城県で作られていたもの。茨城県はね、ここ」

と言って、白地図にマーキングの○シールを貼っていきました。すると、つぎつぎと集中して貼られる県もあれば、はじめて登場する県もありました。そのたびに歓声が上がるなどして、全員が購入した駄菓子の製造元の県が明らかになりました。ある駄菓子が福岡県で製造されたことを知ると、

「どうして遠くから運んでくるの?」

「どうやって作っているの?」

などの疑問を持ち始めました。しかし、残念ながら当時の私の力量では、「できたら調べてみる『なぞ』」として子どもたちと確かめることしかできませんでした。

■親子ではまった駄菓子研究

中学年の子どもたちは、学習が面白くなると自分で学習を切り拓く力を発揮していけるのです。この年の親子は教師の見通しを超えて学習をつくり出しました。

駄菓子を楽しんでいた世代の親たちが、わが子に子どもの頃食べていた駄菓子を話したり、絵に描いて説明したりし始めたのです。こうしたことから、子どもたちが「お父さんやお母さんの子どもの頃食べていたお菓子調べ」を始め出したのです。教師のプランにはなかった、学級の親子がつくり出した調べ活動でした。

幸太君は、字にして書くことが嫌いで、作文も学習ノートもなかなか書かない、書いても片言でしか書けないような子でした。しかし、はじめて聞き取りしてきたことを詳しく文字で書いて来て、得意気にみんなに紹介してくれました。その中で、

「お母さんは子どもの頃、買い食いはいけないと言われていたそうです。その頃は食品添加物が問題になっていたからです」

ここで「食品添加物」が話題になりました。

「どくだよ」

「食べたら体が悪くなるやつ」

という声が上がるたびに、「こわい！」と悲鳴が上がっていました。

「でも、お母さんもお父さんもけんこうです」

と幸太君が言うと「ああよかった」と胸をなでおろしていました。

それにしても、懐かしい子ども時代が茶の間の話題となり、それが学習を深めていくことになっていくのですから、駄菓子屋さんを学習対象に取り上げた私もうれしくなりました。

そのうちに、親子で地元の駄菓子屋を見つける探偵活動が始まって、その報告も届くようになりました。そうしてついに、駄菓子屋だけでなく、それを作っている駄菓子工場にまで調査に行く親子が現われ始めました。

和光小学校では毎年の夏休みに、漢字や計算練習などとともに、全学年で一人ひとりが「自由研究」（学年によってはテーマ研究）をして夏休み明けに研究発表することにしています。

奈央ちゃんは、「夏休み　なおのだがしたんけんたい」というタイトルで、紙芝居風にした「パート1　にっぽりだがしとんや街たんけん」「パート2　きなこぼうを作っている西じま商店を見学したよ」を報告してくれました。

西嶋商店は錦糸町にあるそうで、一日日暮里駄菓子屋街を見て歩く中で訪ねたようです。西嶋商店の場所はきなこ棒のパッケージの製造元で確かめたそうです。お母さんにお願いして封筒に住所を書いてもらって、中に奈央ちゃんが自分で書いたお願いの手紙と質問項目を書いたアンケート用紙を入れて、事前に送っていました。しっかりとアンケートで取材するとともに、見学が可能か打診していたのでした。そうして入手した電話番号に電話しお願いして、実際に見学してくることも可能になったわけです。

こうして親子で、駄菓子を作ってパッケージしていく工程を見学させてもらうとともに、働き甲斐や苦労、値段の付け方を聞くことができました。そしてお土産の駄菓子をプレゼントしてもらったことまで、得意そうに報告すると、「おれも食べたかったあ」と羨まれていました。奈央ちゃんは感想

に

「ずっとおなじあじをまもってつづけているのはすごいし、これからも子どもたちのためにそのあじをまもってほしいです」

と書いてまとめていました。

九月の学級懇談会で、子どもたちの夏休みの研究発表の様子をママたちに伝えたとき、奈央ちゃんのママがうれしそうにわが子の研究の様子を報告してくれたことがとても印象に残りました。

「私の母は厳格で駄菓子は体に悪いからと口にしたことがなかった。だから奈央が駄菓子研究をすると言ったとき、はじめは私には抵抗があった。ところが、製造元に行って、一緒に作っている様子を見てお話を聞いて、実は子どもたちのことをよく考えて作っておられるのだということが分かって、私自身がすごく勉強になりました」

社会科や総合学習の面白さは、大人でも知らない事実と出合えて一緒に学ぶことができる。ここにあると思うのです。もっともっとこうした学びを大事にしたいと思います。

奈央ちゃん親子と一緒に日暮里へ行っていた晴夫君も、日暮里の他にもおばあちゃんの住む埼玉県川越市の菓子屋横丁、その川越で飴作りしている玉力製菓とニンジン型のパッケージにポン菓子を詰めて販売している茨城県のタカミ製菓で体験・聞き取りしてきたことを、壁新聞風にまとめて、報告してくれました。

■地域は子どもの着目を待っている

二つのお店の調査から、私も徐々に商店街の存在に目を向けていくようになりました。二学期後半から、世田谷の歴史的建造物や遺構を訪ねて、「世田谷の移り変わり」と絡めた学習を進めていました。そのまとめの時期である二月末だったと思います。美紀ちゃんが

「あのさ、『カレー屋ゴリさん』がなくなっちゃったよ」

と話したことで子どもたちの目がふたたび商店街に向きました。「ゴリさん」は電車通学する子どもたちが毎日目にしていた商店街の端にあった店でした。私自身は中に入ったことはないのですが、子どもたちが大好きなカレーのお店だったことと、「ゴリさん」という愛称のような店名が気に入っていて、子どもたちは以前から気にかけていたようです。確かに知らぬ間に閉店していました。

「なんでやめちゃったんだろう?」

子どもたちにとっても謎でした。残念ながらその後の連絡先は誰も知らず、「カレー屋ゴリさん」のことではそれ以上調べることはできませんでした。しかし、「一体どのぐらいの店が入れ替わるものなのか」という謎だけは調べられそうでした。そこで、「世田谷の移り変わり」の一環で「商店街の移り変わり」を加えることにし、はじめて担任した三年生とふたたび調査するために、準備をしました。

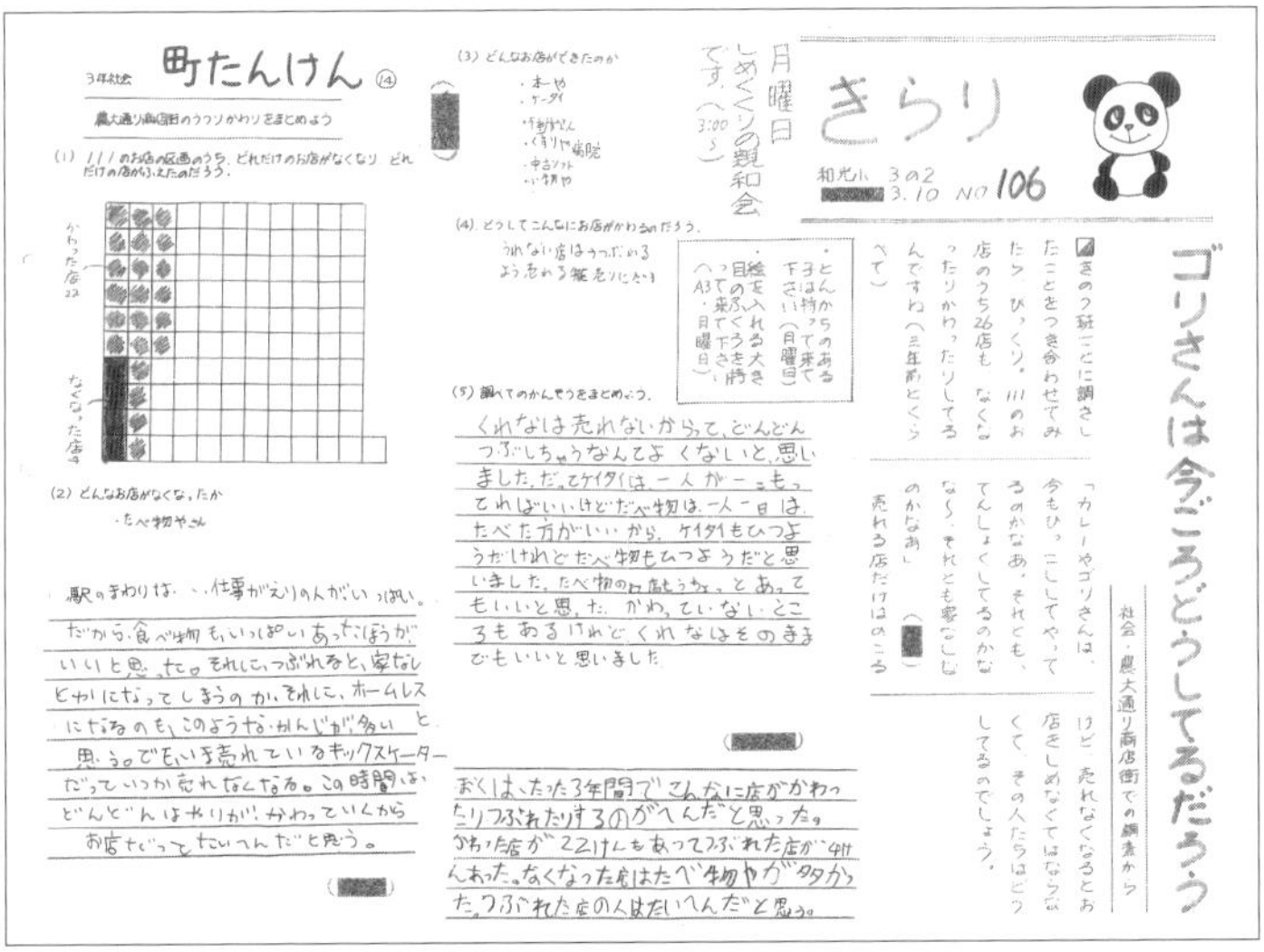

ゴリさんは今ごろどうしてるだろう

社会・農大通り商店街での調査から

きらり
和光小 3の2 [redacted] 3.10 NO 106

◪きのう班ごとに調さしたことをつき合わせてみたら、びっくり。111のお店のうち26店も、なくなったりかわったりしてるんですね(三年前とくらべて)

「カレーやゴリさんは、今もひっこしてやってるのかなあ。それとも、てんしょくしてるのかななぁ〜。それとも家なしなのかなあ」([redacted])

売れる店だけはのこる けど、売れなくなるとお店をしめなくてはならなくて、その人たちはどうしてるのでしょう。

・とんかちのある子は持って来て下さい(月曜日)
・絵を入れる大きな目のふくろを持って来て下さい(A3・月曜日)

月曜日 しめくくりの親和会です。(3:00〜)

3年社会 町たんけん ⑭

農大通り商店街のうつりかわりをまとめよう

(1) 111のお店の区画のうち、どれだけのお店がなくなり、どれだけの店がふえたのだろう。

かわった店22
なくなった店4

(2) どんなお店がなくなったか
・たべ物やさん

(3) どんなお店ができたのか
・本や
・ケータイ
・不動さん
・くすりや病院
・中古ソフト
・小物や

(4) どうしてこんなにお店がかわるのだろう。
うれない店はつぶれる
よう売れる店をつくる

(5) 調べてのかんそうをまとめよう。
くれないは売れないからって、どんどんつぶしちゃうなんてよくないと思いました。だってケイタイは一人が一こもってればいいけどたべ物は一人一日は、たべた方がいいから。ケイタイもひつようだけれどたべ物もひつようだと思いました。たべ物のお店もうちょっとあってもいいと思った。かわっていないところもあるけれどくれないはそのままでもいいと思いました
([redacted])

駅のまわりは、仕事がえりの人がいっぱい。だから食べ物もいっぱいあったほうがいいと思った。それに、つぶれると、家なしとかになってしまうのか。それに、ホームレスになるのも、このようなかんじが多いと思う。でもいま売れているキックスケーターだっていつか売れなくなる。この時間は、どんどんはやりがかわっていくからお店だってたいへんだと思う。
([redacted])

ぼくは、たった3年間でこんなに店がかわったりつぶれたりするのがへんだと思った。かわった店が22けんもあってつぶれた店が4けんあった。なくなった店はたべ物やが多かった。つぶれた店の人はたいへんだと思う。

◎学級通信「きらり」106号(実践当時)

事務室に一九九六年作成の地域詳細地図がありました。そこに、商店街にある個人商店名が記載されていました。そこで、巻物のような長い紙に一九九六年の商店名をずらっと見やすいように描き出してみました。そして、三年経て当時のお店がそのままだったら〇、替わっているとしたらどんな店になっているのかを書き出せるようにしました。いよいよそのときが来て、美紀ちゃんが言っていた話題を出しました。

「みんながこの前話題にしていた『カレー屋ゴリさん』が、接骨院になりました」

「えっ、そうだったの?」

「残念ながらゴリさんが今どうしているかは分かりませんが、一体どのぐらいお店がゴリさんのように入れ替わるものなのか、これだけは調べられそうです。世田谷の移り変わりの学習の一つとして、調べてみましょう」

と提案し、さっそく巻物を六つの班にコピーして切り分けました。この手作り商店街地図を元にして、六つの班で分担して調べてきました。日を改めて一枚にふたたびつなぎ合わせて掲示してみました。すると、一階部分一一一店舗のうち二六軒（ともに当時）、つまり四分の一が三年間で替わっていることが分かりました。丁寧に子どもたちと見ていくと、たくさんあった食べ物屋さんが数を減らし、携帯電話や薬、不動産などの販売店が増えていることが分かりました。売れる店は残りつつ、売れなくなると悲しいことですが引き払わざるを得ないという厳しい現実に、子どもたちもぶつかりました。三年生でここまでよく追究してきたものだと感心したところで、学年末を迎えました。

商店街に目を向けた調査活動をしている中で「子どもたちのまとめたものを何枚かコピーしてちょうだい。商店会長さんたちにも渡しておくから」と言ってくださる店主さんも出てきました。このように授業を通して地域住民とつながったり、学校教育活動への信頼を深めたりすることができるのだということを確信しました。おかげで、今ではずいぶんお店調査に協力してくださる店が増えてきました。また、商店街のさまざまな催しにも声をかけてくださって、和光小学校に出番をくださるようにもなりました。

二学期に、世田谷八幡神社に探検・聞き取り調査に行ったとき、「毎年お祭りをしているが、最近子ども神輿に人が集まらない。和光小の子どもたちはこの地域の子ではないが、構わないから担ぎに来てくれないか」と言われ、学年通信で呼びかけました。すると、二十人ぐらいの子が参加して、「久しぶりに元気な子ども神輿が出てありがたかった」と喜ばれました。

地域での人間関係がともすると薄くなってきている現代、それでもさまざまな形で地域のつながりを大事に街づくりしていこうとしている人々はあちこちにいて苦労されています。それだけにこれから社会を軸となって支えていくことになる子どもたちが、そうしたとりくみをしている人々に着目し、学習を通してつながっていくことをとても待ち望んでいるのだということを感じました。

社会科は、知識を獲得する教科ではなく、こうして実際に訪ね歩いて調べ注目し考えていくことで、人と人を結びつけるという、実にダイナミックでロマンあふれる教科だと改めて思うのです。

四　幻の大根「大蔵大根」を興す

■偶然からの出合い

地域探検の学習対象をはじめて担任した三年生の実践でかなり具体的に明らかにしてきた一方、まったく手つかずに終わっていたことがありました。学校の南側にあたる地域にある農家に着目した実践でした。そこで、二回目に担任した三年生とは、世田谷区特産の「大蔵大根」に着目した調査活動を行いました。

かつて和光小学校の先輩教師たちは「畑に竹を深く突き刺しても通すぐらい深くよく耕している」

と評された飯田さんという農家との関係を築いていました。しかし私たちが担任した頃にはすでにその関係は途絶えていました。そこで協力してくれる農家を一から探さなくてはなりませんでした。

一学期の終わり頃、新たに組んだ新任の女性教諭と一緒に自転車で畑探検に行きました。授業の合間の時間しか使えなかったので、畑のある場所を特定して探検活動で行けそうな所を見つけるのがやっとでした。

「北コース」としての商店街探検を一区切りしたところで、「南コース探検」ということで、とりあえず畑探検に出かけました。安全のこともあって学年として行きたかったのですが、学期末でもあってそれができずに学級ごとに出かけました。そして午前中に行った女性教諭が、ある畑の持ち主の親切なおじさんが、ブドウを食べさせてくれたとうれしい報告を聞かせてくれました。楽しみに私たちの学級は午後に行きました。ところが、同じ畑に着いて「おじさん」に出会ったものの、非常にぶっきらぼうで取りつく島もなしの状況で、がっかりして帰ってきました。

いずれにしても見ただけで学習を終わりにしてはいけないということで、夏休みの終わりに、その「おじさん」をふたたび訪ねて詳しくお話を聞くことにしました。ところが、お互いが指した家が違い、同じ畑にいた「おじさん」は別人だったことが分かりました。そして、女性教諭が案内した家の「おじさん」にお話を伺って、やっとその訳が分かりました。二人の「おじさん」は実は別々に暮らす親子だったのです。専業で働くお父さんと、兼業で畑を管理している息子とで畑を分けていたのです。

お父さんの方は、採れた野菜を畑の角で路地販売していることも分かりました。そして、路地販売をしている野菜を見て、一つ驚くようなものが置いてあるのに気が付きました。一メートルはありそうな、とても長い大根だったのです。

「これは何ですか？」

「これは大蔵大根といってな。世田谷区特産の大根なんだ。昔はこの地域でもよく作られていた。だが、とっても長くて掘り出すのに大変だから、『腰抜かし大根』と言って作るのを嫌がるようになった。この辺じゃ、うちぐらいのもんだが、私は大事にしたくて今も作ってる」

話を聞いていて電気が走りました。

「これだ！　ただの農家の聞き取りではない。この特産の大蔵大根にこだわる農家として調べていくと、もっと深く農家の人の思いが聞けそうだ。しかも、大根として着目していけば、食べる楽しみも生まれて、新しい総合学習に発展できるかもしれない」

そう考えました。そこで、ぜひ授業協力をお願いしましたが、

「自分はもう年だし、人前で話すのは苦手。その代わり、この近くで大蔵大根を作っている若いのがいるから紹介しよう」

ということで、別の「若い方」を紹介してくださいました。

そこで、丁重にお礼を述べて、別の「若い方」を訪ねました。河原正幸さんでした。色々とお話を伺ううちに、河原さんは、和光幼稚園にお子さんを通わせていた親御さんでもあったことが分かりました。和光のことをよく理解し、快くお願いに応じてくださることになりました。

河原さんは、大学卒業後サラリーマンとして働いていました。しかし、その仕事に飽き足らなさを感じるようになって、ふと家業の農業に着目するようになりました。そして脱サラを決意して、農業に専念するようになりました。お年を召されたお父さんに替わって、現在は軸となって野菜と園芸花を育てています。そうして、採れたものを市場に運んだり路地販売したりして生計を立てていらっしゃいます。現在は、よりお客さんに喜ばれる野菜作りを目指して、世田谷の若手農家の研究会の中心メンバーにもなっておられます。その河原さんのこだわりは、地のものを大事にすることです。というところで、数少ない大蔵大根の生産者の一人でもあります。

こうして、新たな地元地域を題材にした総合学習「大蔵大根」を見通していくことができるようになりました。

■総合学習「大蔵大根」（当時の実際の時間）

①「大蔵大根」という大根……一時間
・二つの大根（大蔵・青首）の食べ比べ
・大蔵大根と青首大根そのものを見比べる
・家庭での聞き取り調査について
②おうちの大根調べ……家庭調査

・おうちで食べている大根
・その大根を選んだわけ
③近くの店での大根調べ（校外活動）……二時間
・店頭に並ぶ大根
・どうやって売る大根を選ぶのか
・大蔵大根を知っているか
④調査のまとめ……二時間
・みんなのおうちで食べている大根
・大根を買う人の考え
・お店で売っていた大根
・売る人の考え
⑤河原さんの畑で（校外活動）……二時間
・河原さんのお話を聞く
・大蔵大根を育てている畑
・大蔵大根の引き抜き体験
⑥取材のまとめ……一時間
・河原さんのお話で分かったこと

・「大蔵大根」の由来
・さらなる疑問ややってみたいこと
⑦大根自由研究（有志）……………冬休み
⑧大根自由研究をしてきた子の発表……二時間＋朝の会
⑨大蔵大根をおいしく食べる調理活動……四時間
・おいしい大根料理調べ
・レシピの作成
・調理活動
・試食
⑩学習のまとめ「大蔵大根物語」……六時間
・まとめられるテーマの整理
・一人一テーマを分担
・各自が一枚ずつの画用紙にまとめを書く
・学級としての「大蔵大根研究事典」完成
・学級内発表

私と隣のクラスの女性教諭以外にはまったく認知されていなかった大根です。ですから、和光小学校でもはじめての実践になります。学習プランも進めていきながら形づくっていき、結果としてこのような学習としてまとまっていきました。

■毎日が大根——全国各地にある特産大根

まず主流の青首大根と大蔵大根との味比べをしてみました。班ごとの四つの皿に、それぞれ生と同じ味付け、同じ時間で煮た二つずつを人数分に小分けしておきました。そして「A大根」「B大根」と表示して、生同士、煮た物同士で食べ比べして、それぞれA大根とB大根の味比べした結果を、ことばで表現し合いました。

	生	煮た物
A	あまい（ちょっと） つけ物っぽかった にがい じゃがいもみたい やわらかい しょっぱい	やわらかい 水っぽい にがい

B
からい ナシのよう にがい しゃきしゃき コリコリ
やわらかい 水っぽい からくてにがい 生とくらべるとにがい へんなかんじ サヤエンドウっぽい

このとき子どもたちは、それぞれの固有名詞は知りません。ですから純粋な味の違いをことばで表現していました。

◎大蔵大根（左）と青首大根（右）

そこで、姿そのものを提示して、AとBの大根を紹介しました。

「B大根は青首大根と言います」
「ああ見たことある」
「うちでも食べてる」
「ではAはと言うと……はい、これです」
「うわあ、すげえ」
「すごい長い」

「化け物大根だあ」

「これは大蔵大根と言います。先生もはじめて知ったのですが、世田谷区だけで作っている大根なんです」

「ええ、世田谷だけで作ってるの？」

子どもたちは「大根」という一括りの見方から、「大根」と言っても違いがあることを感じ取ってくれました。

そこでさっそく、自分の家では何大根を買って食べているか調べてきてもらうことにしました。

一週間ほどの間隔をとって、三五家庭（一人欠席）で聴きとった大根名を交流し合いました（複数回答あり）。

青首……三五	練馬（東京）……九	三浦（神奈川）……七	聖護院（京都）……二
桜島（鹿児島）……一	浮島（茨城）……一	大蔵（東京）……一	

さらに大蔵大根について調査をしてみると、意外にも
・名前だけはきいたことがある……一〇
・見たことがある……八
・食べたことがある……四

と、二二家庭がその存在を知っていました。

今度はそれぞれの大根を買う理由で聞いたことを確かめてみました。全家庭で口にしていた青首は「東京のスーパーにはこれしかないから」が二一と圧倒的理由でした。その他の大根をよく口にする理由としては「住んでいるところでよく売られているから」「いなかからおくられてくるから」「味がいいので」が挙げられていました。大蔵大根を食べていた貴重な一軒も「直売所で売っているから」を理由に挙げていました。

こうして家庭で聞き取り調査したことで、大根が食卓でよく話題になり始めたようです。「うちの大根を見せて」という子が続々出てきて、「みんなに見せたい」とわが家の大根を学校に持ち込んで見せる発表活動が毎日の朝の会の日課になってきました。そのうち、さまざまな全国の大根情報を親子で探し当てて、わざわざ取り寄せて学校へ持ってきてくれる家庭も出てきました。そして、「みんなで食べていいよ」と、わが家の大根料理をタッパーに詰めて持たせてくれる家庭も出てきました。おかげで、この実践を始めた一一月末から二学期末までは「毎日が大根」というように、連日各地の大根や大根料理が持ち込まれて、試食会が続きました。

それにしても、日本各地にこんなにも、地元の大根をしっかり継承している農家があるのだと、改めて私自身もびっくりでした。

■オレたちの方がくわしいじゃん

つぎに、地元商店街で野菜を売っているお店をみんなで挙げてみて、六つの班が一軒ずつ分担して、「何大根を売っているか」「どうしてその大根を売っているのか」「大蔵大根を知っているか」の聞き取り調査に出かけることにしました。スーパーが四軒、八百屋さんが二軒でした。

結果（複数回答あり）は六軒で青首、二軒でからみ（全国各地）、聖護院・三浦は一軒で置いていることが分かりましたが、一方で大蔵大根を置いているお店はありませんでした。「一年中あるから」「関東に一番出回ってるから」「これしか市場に置いてないから」という理由で青首が、「お客さんの好みで」という理由でその他の大根を置いていることも分かりました。

そして最大の関心「大蔵大根を知っていますか」では、合わせて一〇人の売り場担当の方に聞いてみて二人が「知っている」、一人が「聞いたことがある」、二軒の八百屋さんも含めて残り七人は「見たことも聞いたこともない」という結果だったことが分かりました。

「ええ、やおやさんも知らないことを勉強してたの？」

という驚きとともに、

「何だよ。やおやさんよりオレたちの方が大根にくわしいじゃん」

と、学習していることに対する誇りを感じる子も出てきました。

◎大蔵大根を子どもたちに見せる河原正幸さん（実践当時）

■大蔵大根を大事に育てている河原さん

そこで、その大蔵大根を生産している農家の河原さんの畑に、学級ごとに聞き取りに出かけました。大蔵大根が大きく葉を広げている畑で、直にお話を伺いました。


「畑でどんなものを作っていますか？」

「一日どんなお仕事をしているんですか？」

「とった後どうしていますか？」

「どうして農家をしていますか？」

「どうして大蔵大根を作っていますか？」


あらかじめお願いしていたお話に加えて、その場で聞きたくなったことにも快く答えてくださいました。一般的な思いとは違った、「都会に緑の環境を残したい」「お客さんに地の野菜を食べてもらいたい」「とれたてを食べてもらいたい」などの、河原さん独自のこだわりを聞き取ることができました。

●匡夫　ぼくはやさい大すき。でも、のう家の人がいなかったら、外国から買うしかないから、あんまりやさいがたべられない。やさいは、日本とかでたべ物として大かつやくしてると思う。やさいをあんなにいっぱい育てるのは大へんだと思う。のう家の人は、みんなのためにがんばってるなと思う。

●有人　ぼくはやさいが大すきだけど、こんなにやさいがへってきているなんてしんじられない。とくに大くら大根はちょっとしか売ってないから、スーパーとかにも青首大根しか売ってないから、青首大根だけじゃなくて、大くら大根とかもちょくばい所だけじゃなくて、ほかの所でも売ってほしいな。

●麻美　三三〇日もはたらいて、雨の日しかやすめないなんてびっくりした。九代目までつづいているってすごい。ちょくばいじょで売るだけじゃなくて、世田谷市場にしゅっかしてるのもすごいと思った。

■歩く広告塔

そしていよいよ子どもたちが楽しみにしていた「腰抜かし大根」と言われている大蔵大根抜き体験タイムとなりました。事前にお願いして一班で一本ずつ体験させてもらいました。子どもたちは「一人一本ぬきたい」と不満そうでしたが、その声もすぐになくなりました。三年生の子どもでは一人一本も抜けないことを実感して分かったからです。『おおきなかぶ』のお話ではありませんが、一人でダメなら二人で、二人でもダメなら三人でと、結局六人が丸く囲むように、あるいは数人一グループで交代でなどのやり方で悪戦苦闘。やっと抜き上げると大歓声でした。

子どもたちは「ぼくにも持たせて」と奪い合うようにしたりして一人ずつ交代で、班によっては三人一組で交代で一本を担ぎ、大事そうにまずは学校へと持ち帰りました。そうして一本を六人分小分けして持ち帰りました。翌日、

「『ずいぶんりっぱな大根ね』とお母さんに言われたよ」

「お母さんがすぐに料理してくれたよ」

などの報告が届いて、大いに大蔵大根で盛り上がりました。

私たちが最初にとりくんで以来、すでに一〇年を超えてこの実践が受け継がれています。今は「三年生になると大蔵大根がもらえる」と、つぎの三年生の楽しみになってもきているようです。また現

◎大蔵大根抜きに挑戦（実践当時）

在は、大変でも一人一本引き抜き体験するようになりました。
いずれにしても、和光小学校の三年生が毎年大蔵大根を持ち帰る姿が「歩く広告塔」の役割を果たし、大蔵大根が徐々に区民に認知されるようになってきたようです。路地以外でも街の店先で売られ始めたという話も聞いています。
学習を深めていくことで結果として街興しの役割を果たせてきているのかなと、学校として誇りを感じてきています。

●昇太　大くら大根は、子どもはなかなかぬけない。でも少しずつぬけた。のう家の人は力があるから大くら大根もよくぬける。大くら大根をぬくのはむずかしかったけど、大根ぬきのことをまとめるのは楽しかった。大根のことを調べるのも楽しかった。

■三学期も終わらない

子どもたちの大根研究熱は冬休みを越えても生き続けていました。

忘れられないのは勇太君の活躍でした。彼は、遊びでは大将のようであり、話せばコメディアンのような存在の人気者でしたが、勉強が苦手でコンプレックスがありました。ところが、この大蔵大根研究が始まるや、つぎつぎと各地の大根・お母さんが作ってくれた大根料理・調べてきた大根情報などを持ち込んできて、大根研究をリードしてきました。調べてきたことをノートに書いてくることもあって、苦手だった作文にも少しずつ自信が持ててきたようでした。

世奈ちゃんは世田谷区に住んでいた地の利を生かして、世田谷で他にも大蔵大根を生産している田中さんと川井さんを見つけました。同じく世田谷在住の杏奈ちゃんが瀬賀さんを見つけました。この二人が大蔵大根生産者としての話を聞き取って報告してくれました。

●世奈　田中さんは私に、青首大根と大くら大根のぬき方を教えてくれました。青首大根の方は片手でぬける。でも、大蔵大根は、片手でぬくとぬけなくておれてしまいます。だから、まず両手をくんで、それを大くら大根にそえて、しゃがみこんで、両方の足の膝ではさみながらぬきます。今は大くら大根が少ないけど、世田谷区がじもとだから「世田谷区で大くら大根をのこそう」

としている。だからおじいさんも大くら大根を作ってるんだって。（中略）むすこさんはおじいさんが畑をやめたらもうあとをつがないんだって。私はどんどんそうやってのう家がなくなるのはいやだな、って思ったよ。（後略）

各地の大根や大根情報がかなり明らかになってきていた三学期は、主に大根料理情報が届くようになりました。レシピを母親と一緒に見つけては書き出して紹介してくれたり、実際にそれを親子で作ってみてお裾分けを持ってきて試食させてくれたりする子も出てきました。そこで百聞は一見にしかず。実際に、大蔵大根を使った調理活動に挑んでみることにしました。

一回目は、子どもたちが得てきた情報から一班一つの作り方を担当して、たくあんを作ってみました。そして漬かったところで食べ比べました。

●百合子　私と真美は、とうとう六ぱいもたべたよ！　かえりに私は、真美も少ししたけど、おならをしちゃったよ。家に帰ってからもしちゃったけど、そのおならのにおいはたくあんのにおいがしたよ。

二回目は、千枚漬けと切り干し大根、さらに「作ってみたい」投票で一位だった玲子ちゃんが調べて発表していた「レモンうどん」を作りました。今回は本格的に大根やレモンを包丁で切るので、みんなとても慎重でした。

三回目は、班ごとに料理本から探し出して作りたいという一品を作ってみました。ここでは、切り干ししておいた大根も生かしました。「切り干し大根の油揚げ煮」「切り干し大根のイリチー（沖縄料理）」「ムシナムル（韓国料理）」「みそおでん」「豚汁」「大根おろしとチリメンジャコ」を作ってみました。班で、あるいは他の班とも味見し合って、楽しく調理しては食べてみました。

大蔵大根に焦点を当てて学習を深めていく中で、調理の手順や手法も獲得していきました。女の子同士でいがみ合う関係もあった学級でしたが、大蔵大根研究をしていたときは、いがみ合うよりも共同して研究していくことや調理活動していくことに関心がいき、不思議といがみ合いの話も聞かず、平和な毎日でした。

五　どっぷり多摩川に浸かって学び考える

■多摩川

和光小学校の最寄りの経堂駅から私鉄で七駅行くと、駅そばに多摩川があります。

多摩川は、東京・埼玉・山梨の県境を基点にして、東京湾へと流れ込む、全長一二四キロメートルの川です。東京都を流線型の魚の形に見立てると、背骨の位置を流れています。流域は緑が豊富で多様な生き物が生息しています。そのため古くから人々が住み着き、その恵みを大切な飲食料にしながら暮らしてきました。山からの栄養は川を通して海にも恵みを与えています。

ところが、「高度経済成長」政策によって、多摩川の汚染が進み、恵みの川は一転して生き物たちが棲めない川になってしまいました。大雨による川の氾濫で土手が決壊して、住宅などが被害に遭う災害も起きました。

こうした中で、改めて「人間と川」の関係が見直されて、環境教育に伴った整備が進められてきました。今ふたたび恵みの川に戻ろうとしてきています。

その多摩川を通学・通勤で毎日目にする人も少なくないのですが、近づいて見てみよう・楽しんでみようという人は限られています。しかし、この川と川周辺の環境は少なくない都民の生活のあり様に大きな影響をもたらします。とりわけ飲み水としての水質には健康問題が関わりますから、無関心であってはならないはずです。

■「多摩川」をフィールドにした総合学習

今は環境教育が見直されて、多摩川をフィールドに学習活動を展開している学校も増えてきたようです。私たちの学校ではすでに一九八〇年代から注目して学習を展開していました。体丸ごと川に浸かって学んでいく学習活動は、やんちゃ盛りの中学年の特徴に大変かみ合っていました。私たちの大先輩である小菅盛平先生が、『多摩川はつらいよ』（農文協）という出版物にそのことを書いているので、ぜひあわせて読まれることをお勧めします。

さて、先の商店街探検を楽しみ深めてきたはじめての三年生を、そのまま四年生として担任することになりました。何度も色々な担任の実践を聞いてきていた総合学習「多摩川」に、私もはじめて挑むわけですから、子どもたちも楽しみにしていたことでしょうが、私も楽しみでした。

『多摩川はつらいよ』を小菅先生がお出しになったのは一九九〇年ですが、それ以降脈々と和光小学校の教員はその実践を引き継ぐとともに、つぎつぎと新たなフィールドを開拓していました。私が実践に挑もうとしていたときにはすでに、小田急線の最寄駅和泉多摩川付近からどんどん裾野を広げてきていて、ついに河口の川崎大師干潟（対岸は羽田空港）から最上流の笠取山（鳩ノ巣荘をベースに夏休みの林間合宿で登頂し、山頂付近の一滴の石清水が滴る様子を見る）までを活動場所として広げてきていました。

四年生として改めてあの子たちと出会う前の春休み、私は自転車を使って、一日目は和泉多摩川から大田の多摩川大橋付近（大師干潟まで行きたかったが……）まで、二日目は和泉多摩川から八高線下の昭和堰付近までの道を往復して、自分の目で多摩川を確かめました。その道はサイクリングロードでしたから、道も整備されていて走りやすく土手上の道も多いことから、川と河川敷、その川の流域あるいは河川敷を利用する人々の様子もよく見渡せました。流域地図も持っていましたので、川の近くの砧浄水場や亀甲山古墳などにも立ち寄ったり、浅瀬では網を出して生き物が捕れるか、捕れたとして何がいるかも調べたりもしてみました。

また、春休みの二日間ですべてを回れるものではありませんから、新学期を迎えてからも休日になると「家族サービス」と称してドライブがてら、河口の大師干潟や昭和堰より先の上流域を調査したりもしていました。そうしながら「ここで子どもたちとこんなことをしてみたいな」「こんなことができるな」ということを、自分なりにイメージしていき、子どもたちと存分に多摩川を楽しみ、多摩川で学びを深めていけることを楽しみにしていました。

●学習のねらい

① 多摩川に働きかけ、多摩川の自然の姿に学ぶ

② 「多摩川」学習を通して学ぶ

●その年大事にしたこと

①可能な限り多摩川に出掛け、体で感じ取った学習を進める

・五回の学年一斉多摩川探検活動の実施（中流三回／上流一回／干潟一回）

・パパ・ママの協力による二回以上のこだわり研究グループ別探検の組織

・砧浄水場、森ケ崎下水処理場、千歳清掃工場、中央防波堤の四回の社会科見学の実施

・家族でも多摩川と触れ合えるような働きかけ

②さまざまな楽しみ方で川を楽しむ、川に関わる

〈活動例〉

・川遊び（水につかる、水生昆虫探し、魚とり、石遊びなど）

・河原遊び（野鳥観察、化石とり、石の採集など）

・土手遊び（土手すべり、押し花、野草や魚の調理、バーベキューなど）

・干潟遊び（干潟の体験、干潟の生き物探しなど）

・山林遊び（落葉樹のスポンジ体験、巨樹巨木探しなど）

・川を生み出すものの調査（水干探検、支流・井戸水・湧水の調査など）

・水質や環境を調べる（水質・ゴミ・風景・変化の調査など）

③人々との出会いの中で学ぶ

〈それまでのつながりから〉

・多摩川で漁をしている人たち

・多摩川の生き物を丹念に観察し保存運動する人たち

・多摩川を描き続ける人たち

・流域の浄水場、水処理センター、清掃工場、ゴミ最終処分場などで働く人たち

・水源の森を守る人たち

・東京湾で魚を獲る漁民の方たち
④「ある一点の多摩川」から「東京を流れる多摩川」へ
・上流の奥多摩の緑豊かな自然
・上流魚と河口の生き物の飼育にも挑戦
・多摩川のすべての流域や支流をも対象にした活動
・川の出口としての「東京湾」も視野に入れた学習
⑤さらにさまざまな教科学習ともからませて「川」に対する認識を深める
・総合学習で生き物や川の研究
・総合学習で多摩川の環境調査と利用調査
・総合学習で専門家の方の話を聞く機会
・社会「水・下水・ゴミ・首都東京」の学習
・国語『川は生きている』(富山和子〔作〕大庭賢哉〔絵〕講談社)での学習
・理科「植物」・「動物」の学習
・美術「多摩川の生き物」を題材にした版画製作
・多摩川を伝える会などでの学習発表
・研究文集作り
⑥学習の記録を丁寧に進める

・探検や調査のたびに「記録」を残す（文や写真などで）
・多摩川の探検ごとに俳句づくり
・「子どもがとらえた多摩川・東京」の映像化
・節々での研究文集や研究物のまとめ
⑦研究を伝えることで世代を超えてともに考え合う
・三年生と親に研究を伝える「多摩川を伝える会」
・研究文集やビデオをお世話になった方々へ贈る
・校外の発表の機会を生かす

●主な展開
＊年によって活動内容や実施時期などは若干変わる
＊●は総合学習の時間での学習や活動　○は多摩川学習につながる他の教科等での活動

《四月》　●多摩川オリエンテーション
●多摩川研究のための教室環境づくり
●食べられる野草研究
●第一回多摩川探検（中流域）

○国語「多摩川俳句を作ろう」
○理科「植物」

《五月》
●魚とりの事前学習と準備
●第二回多摩川探検（中流域）
●捕れた生き物の観察・特定・飼育当番活動の開始
○社会「東京」（六月まで）
○理科「動物」

《六月》
●第三回多摩川探検（中流域）
●捕れた生き物の観察・特定・飼育
●多摩川の河口と東京湾
●干潟の役割と野鳥・河口の生き物

《七月》
●第四回多摩川探検（大師干潟）……雨天順延で九月開催
●捕れた生き物の観察・特定・飼育
●多摩川の上流
●第五回多摩川探検（奥多摩林間合宿）
○社会「私たちの飲む水」（九月末まで）

《八月》
●「川」または「水」をテーマにした研究・まとめ活動

《九月》●「夏休みの研究」全員発表会
●多摩川の歴史と化石
●こだわり研究グループの結成
●グループごとの活動の計画書作り（二回以上計画）
○社会「浄水場見学」
○学級懇談会でグループ活動での協力体制組織

《十月》●グループ別探検（主に休日を利用して）
●活動ごとにグループの報告をみんなで聞く
○社会「私たちの使った水」（十一月末まで）
○国語『川は生きている』

《十一月》●引き続きグループ別探検と活動ごとの報告会
●グループ研究のまとめ作業
●多摩川の昔と今
○社会「水処理センター見学」
○美術「多摩川の生き物」版画作り

《十二月》●引き続きグループ別のまとめ作業
●社会「私たちのくらしとゴミ」（一月末まで）

《一月》●グループ研究のまとめ発表会
●「多摩川を伝える会」（父母・三年生・お世話になった方々を招いて）
《二月》●「多摩川」をテーマに作文
○社会「東京の移り変わり」（学年末まで）
《三月》●「多摩川文集」「版画集」を見合って活動を振り返る
○生き物を元の場所に戻す
○つぎの四年生のためにきれいに片づける

■現代の子どもたちと川

総合学習「多摩川」の一時間目に、川で体験したことや知っていることを交流しました。そのとき、学級で意見が二分するでき事がありました。それは「川にアジがいるか」でした。アジといえば海の魚です。しかし、学習が始まった当時の子どもたちには、まだ魚を種分けできるほどの力がありません。ですから、海の魚も川の魚も区別なく捉えていたのでしょう。川に浸かって生き物を追い回す体験がしたくてもできない。その面白さすらも知らない。これが現代の多くの子どもたちの姿なのです。

その子どもたちは、多摩川を目の前にするまで「キラキラ光ってきれいな川だ」と言っていました。しかし、はじめて多摩川に出かけて足を入れてみると、「毛みたいの（藻）がはえていて気持ち悪かった」

「生臭かった」と、嫌悪感を示していました。実際川に足を入れるのに二の足を踏む子たちもいました。

■水辺の生き物を夢中で追いかける子どもたち

そんな子どもたちと多摩川に何度か出かけました。

四月は川辺で遊びました。事前に食べられる野草の学習をしておき、現地で見つけては摘んで、応援隊のママたちに天ぷらにしてもらって、お昼に食べました。午後は、土手で滑って遊んだり花を摘んだり、さらにはワンド(本流から脇に注ぎ込んだ池状のところ)で稚魚を追いかけたり石を並べて「ダム」をつくったりしました。中には濡れついでに泳ぎ出す子もいました。とにかく思い思いの活動で存分に「川」を楽しみました。

五月、今度は水辺の生き物捕りに絞って作戦を立て、道具の準備をして出かけました。はじめのうちは、藻の浮かぶ川に入ることをためらう子もいました。しかし、銀鱗を光らせながらはねている魚の姿を見て我れ先にと入って歓声を上げている子の姿に惹かれて、後を追うように入っていきました。

それでも、魚もバカではありませんから、簡単にはつかまりません。魚の後を追って網を差し入れてもなかなか捕れません。そうしたとき活躍してくれたのが応援のパパたちでした。川筋よりも岸辺の草をガサガサした方がよく捕れるのだと実際にやって見せて教え、見真似た子どもたちが獲物をゲットできるようになりました。稚魚やエビ類がほとんどでしたが、モツゴやドジョウもわずかながら獲得できました。

稚魚は川に戻すようにして、その他は学校の水槽に種別で小分けして入れました。翌日登校してくると、途端にその水槽を可愛い顔が覗き込んでいます。班ごとに図鑑を手渡して種の特定をしました。川の魚を「アジ」と思い込んでいた子どもたちも、「コイ」「フナ」「モツゴ」「オイカワ」と川にはさまざまな種類の魚がいるのだと、やっと呑み込めてきました。

そうはいっても種類も数も限られていました。

「今の多摩川にはこれしかいないのだろうか？」

子どもたちは心配していました。しかし、前年の四年生は水槽でたくさんの生き物を飼育していたのを知っています。

「とり方の問題じゃない？」

ということで、ふたたび生き物がゲットできそうな場所、道具や捕り方の作戦を練り直すことにしました。そうして六月、もっと捕れそうな場所を教師としてもフィールドワークして見つけて出直しました。今回はみんなで協力して捕る「追い込み作戦」を使ったことが功を奏しました。追い込みやすい場所を見つけて逃げ場

◎多摩川中流域で魚捕り（実践当時）

を人で塞ぎ、奥で網を持って待機している子どもたちの方へ向かって一斉に走っていくのです。慌てた魚は捕まるまいと知らずに網の方に泳いでいってすくい上げられました。さすがに今度は大漁でした。

翌日、子どもたちと種の特定をしたら、アブラハヤ、オイカワ、モツゴ、タモロコ、フナ、ニゴイ、カマツカ、ヨシノボリ、ドジョウ、ナマズ、ウナギの稚魚、ミズカマキリ、ミズスマシ、アメンボ、ザリガニ、ヤゴ、スジエビを捕獲していました。一気に水槽が活気付きました。

康人君はとても控え目で、自分に目が向けられるとすぐに顔を真っ赤にしているような子でした。しかし、その彼はすっかり魚にはまって、水槽の魚を網で追いまわしては、度々学級で問題にされるようになりました。魚が彼の中の野性を発揮させたのでしょう。川でも別人のように走り回って魚を追っていました。

俊吾君は落ち着きがなく、机に向かう学習を苦手としていました。しかし生き物が大好きだったので、校外活動では大いに力を発揮しました。彼は、二回の魚捕り大会ではいつも大漁賞・多種類賞を総なめにしていて、多摩川学習ではヒーローになっていました。その彼は夏休み、家族で多摩川上流に出かけ、偶然捕れた水生昆虫にはまりました。そうして夏休みの研究テーマでじっくりまとめてきました。書くことは大の苦手でしたが、水生昆虫との出合いが多動な彼に、丁寧なまとめを仕上げさせる力も発揮させたのでしょう。

多摩川という自然そのものが学習対象である、ダイナミックな総合学習「多摩川」が、子どもたちの秘めていたさまざまな力を引き出していました。

■親も夢中に

現代社会は親子の関係も断絶してきています。親が子を殺し、子が親を殺してしまうような悲惨な事件も後を絶ちません。こうした中で、学びの中で親子の関係が深まっていく、豊かになっていくようなとりくみができたら素敵なことです。そんな糸口が多摩川での活動でも生まれました。

二学期。「川」や「水」で共通の問題関心を深めた同士が集まって、こだわり研究グループを作り、休日を利用して個別の活動を展開しました。しかし、休日の活動ですし、このときは九つものグループ（魚・水生昆虫・鳥・ゴミ・水質・湧き水・化石・景色・水害）ができましたので、担任一人の力では引率し切れません。そこで、あらかじめ教育講座や学級懇談会で、この学習活動の持つ意味やその中で育っていく子どもたちの姿を語って理解を広め、子どもたちと丁寧な計画を作って提示していくことで、引率での協力を取り付けました。こうして、ママ・パパたちの引率の下、それぞれの問題関心に合わせて、多摩川の上流から下流までを視野に、目的に応じた場所で二回を目安にした活動を展開していきました（引率してくれるママ・パパがつければ三回以上も可）。

こうした中で、とりわけ「魚」「水生昆虫」「化石」のグループには、毎回のようにパパたちが参加していました。はじめは引率を目的に運転手を務めるつもりだったのでしょうが、まだ手際の悪い子どもたちに捕り方を教えたり、面白がって活動している子どもたちに魅せられたりしているうちに、ついに自分たちも竿や網、金槌を手に夢中になって捕獲し、採集していきました。おかげでどでかいコイやギンブナまで、学年水槽の仲間に加わりました。

子どもの安全のためについていたママたちの中にも、「こうした体験は自分たちもめったにできないから」といって、子どもたちやパパたちに交じって川に浸かって一緒に楽しむ人たちが出てきています。本当に微笑ましい姿です。

この子たちの親世代は、わずかではあっても、自然の中での遊びを辛うじて体験してきています。しかし、現代の仕事社会の中で、その楽しさを忘れかけていたのでしょう。多摩川に親子で関わる中で、その忘れかけていた喜びを思い返し、わが子とともに自然を楽しむ喜びを味わっているのでしょう。そして、じっくりとわが子と向き合い、わが子の成長の姿を実感することで、学級や学校への信頼をも厚くしてきていると思うのです。

■東京観が変わる——奥多摩の自然との出合い

和光小学校では、一年生から六年生までのすべての学年で宿泊を伴う林間合宿を実施しています。四年生は、「国民宿舎鳩ノ巣荘」をベースに（二〇一二年度で改装休業のため変更予定）三泊四日で、多摩川の最上流域、東京都奥多摩町へと向かいます。

ほとんどの子どもたちは、「東京＝都会」のイメージをもっています。しかし、社会科の地図学習で土地利用の状況がつかめるようになると、東京の半分（年々狭まってきているが）は森林に覆われた山間地であることに気付きます。

「都会とは違う東京の姿ってどんなんだろう」

そうした思いももって鉄道を乗り継いで奥多摩を目指すのです。車窓の景色も青梅まではよく見る風景ですが、その先はぐんぐん森林の間になって、所々で多摩川の上流の姿が表れてきます。これが「もう一つの東京」の顔なのです。

さて、私にとってもはじめてとなる四年生の林間合宿。一日目は途中の川井駅で降りて、上流の多摩川で遊びました。流れが速く、対岸へ渡るにも四年生の力では結構大変です。その先の安全なワンドや沢で生き物捕りをします。偶然石の下を網でまさぐっていたら、有紀ちゃんは大変珍しいカジカをゲットしました。透き通っていて、夏でも凍りそうに冷たい上流の川ですので、「寒い寒い」と早々に河原に上がって着替えて、石遊びに変える子もいました。体丸ごとで中流域との違いを実感していました。

二日目は、チャーターバスでくねくねの山道を登って笠取山の登山道入口まで行きました。あまりのカーブの多さにここで体力を消耗してしまう子もいます。でも、多摩川の始まりである一滴の水を見たいという強い思いがあります。みんなに励まされながら山頂付近を目指しました。笠取山には分水嶺があって、高台を埼玉側に水が下れば荒川・山梨ならば富士川・東京ならば多摩川へと注ぎ込ん

◎多摩川の始まりである笠取山山頂付近の水干にて（2002年度撮影）

でいきます。そこを見ながらいよいよ一滴の水が滴るという水干に着きました。

水干は、崖の壁面の、小さな岩の隙間にあります。班ごとに細い一本道をたどって見学します。じくじくとした岩苔から、ゆっくりと一滴の水がしたたるのです。前日までの天候でその頻度は変わるのですが、この年は少雨の年で二、三分に一滴しか滴りませんでした。ですから、その瞬間を逃すまいと、小さな頭をぶつけあいながら覗き込もうと必死でした。

水干を見た後、二〇分ほど下りました。するとそこに、岩の隙間から蛇口をひねったように水がザーザーと流れ出ているところがあります。見上げると先ほどの水干のあたりが見えます。ここで自然の清水をいただきました。「うめえ」と言いながら水筒の残り水を捨てて「お母さんにものませてあげよう」と、みんな順を競って汲んでいきます。

こうしてふたたび登山口に戻ってバスに乗り込んで宿舎に戻ります。帰りのバスでは疲れて寝てしまう子もいますが、一滴の水が沢になり、その沢の水が集まって川になっていくという、その姿を思い浮かべて窓の外を見ている子もいました。

三日目は、森林探検をしました。それに関わって一日目の夜に、山を守る仕事をしている古屋勤さんのお話を毎年聞いています。古屋さんは小学生にも分かりやすく、落ち葉や「とある実演道具」を見せながら、きれいで栄養のある川であるための森の役割についてお話してくださるのです。その「とある実演道具」とは、洗面器・板・スポンジ・薬缶水です。古屋さんはこの道具で、落ち葉のない山と落ち葉の積もる山の違いを見せてくれます。斜めにした板に水を流した時の水の様子で比較するのです。こうして、スポンジに見立てた森の落ち葉が、保水し適度な量の水をゆっくりと流し込み浄化していることを教えてくれるのです。子どもたちは、その話を思い出しながら森を探検します。この年は、東京の巨樹・巨木を見に行きました。子どもたちが八人がかりで一周するほどの立派な巨樹もありました。ふかふかの落ち葉の存在をわざと音を立てながら歩いて感じ取っている子もいました。

このようにして、体丸ごとの体験で「多摩川の上流」、そして「東京のもう一つの顔」を実感していきました。

■水を見つめ続ける子どもたち

この合宿をはさんで、体験的に水の学習ができるように、和光小学校の四年生の社会科では「わたしたちののむ水」が組まれています。

はじめに、利き水をします。水道水、浄水機にかけた水、市販の天然水を飲み比べて当ててみるのです。「こんなに水の味はちがうのかとびっくりした」と子どもたちは言います。そこで、各家庭の飲み水はどうなっているのか聞き取りをします。すると、多くの家庭が水道水をそのまま飲むのではなく、さまざまに工夫して飲んでいることを知ります。中には水道水は一切飲まず、わざわざ取り寄せた水を飲んでいる家庭もあることが分かりました。そうなると、「水道水って一体どうなっているの？」ということになります。

そこで、浄水場の学習が始まり、また新たな驚きと出合います。それは、世田谷の水道水に「あの多摩川」を利用しているという事実でした。子どもたちは、あの汚れて見える多摩川が水道水の元と聞いて、とても不安になりました。しかし浄水場で聞き取りして、ろ過の様子を見る中で、水道局の方が実に緻密な工夫をしていることを知ります。それを見て聞いて少し安心するのです。

こうした学習を通して、飲料水へのこだわりが子どもたちの中に生まれます。教室には各地から取り寄せられたペットボトルが集まり、朝の会や社会科の時間は、度々各地の水を飲んでみることで始

◎多摩川をテーマにまとめた夏休み個人研究（2009 年度撮影）

まりました。

夏休みの個人研究でも「飲み水」がテーマに多く選ばれました。美紀ちゃんと玲子ちゃんは、八つのペットボトルの水の飲み分けをしました。海外と日本の水の違いにも目を向けた研究になっていました。藍子ちゃんは、水道水と天然水の五感で感じた違いをことばで表現し、水道水の害と感じているものを取り除くためにどうしたらよいかを実験して考えました。

学年としての施設見学以前にすでに浄水場に目を向けて、郁馬君と尚也君は世田谷区砧、真人君は埼玉県朝霞の浄水場へ親子で行って聞き取りをしてきました。

正太君はきれいな多摩川の上流でゲットした「孫太郎虫」（ヘビトンボの幼虫）に惹かれて、食用にもなっているその虫が棲めるきれいな川について調べてきました。花林ちゃんは、多摩川に新鮮な水を送り込んでいるのは山水だけではなく、地下水も影響してることを突き止めて、都内の湧水地を調べて訪ねてまとめました。

英男君は、多摩川流域の水を確保するために造られた小河内ダムによって村が沈んだ事実を知って、その前後の様子を見聞きしてまとめてきました。

■サンゴも棲む東京湾

総合学習「多摩川」では河口・東京湾も学習対象にしてきています。

この年は九月に河口探検へ出かけました。場所は羽田空港が目前の川崎大師干潟です。干満の差の大きい大潮の日に合わせて、午前中は干潟で生き物捕り、午後は海に沈む干潟を見ながら野鳥や植物を観察したりしました。泥干潟では、トビハゼやカニが、人の気配を感じないと出て来て、感じると慌てて砂に隠れてを繰り返していました。それを追い回して、捕獲してはバケツに入れて観察しました。干潟の周りには大きな工場などが進出してきていて、年々干潟が縮小していることも見てきました。

社会科では、「上水」の学習で砧浄水場を見学するとともに、「下水」の学習では、世田谷区の下水が羽田空港そばの森が崎水処理センターに運ばれていることを突き止めて、そこまで交通機関を乗り継いで社会科見学してきました（現在は南多摩水処理センターを見学）。そして、水処理センターの人の説明で、下水処理場がない頃は川や海が泡とヘドロで魚も棲めなかったことを知ります。それを自然にやさしい微生物の力で徐々に浄化していくことを匂いの変化で感じながら、最終的にはきれいにして東京湾に流し込んでいく様子を実際に見てきました。

こうした活動で見たり感じたりしてきたことを家庭でも話題にしていたのでしょう。教室に二本のビデオが届きました。一本は、東京湾の先端千葉県館山に沖縄に匹敵するようなサンゴ礁が存在していて、それは海流で運ばれる栄養と、東京湾に注ぎ込む多摩川などの河川の栄養とが合わさって、生まれ育ったものなのだということを解説しているものでした。もう一本のビデオは、大分県杵築湾のものでしたが、カブトガニが棲めるほどの海を戻すには、その海に注ぎ込む川の水をよくすることが必要だと考えて、漁師たちが上流の山の植林を始めたというドキュメント番組でした。

こうして、子どもたちは、森と川と海と、面としてつなげてとらえるようにもなっていきました。

■グループ活動でさらに

五回の探検、浄水場・下水処理場見学活動などでじっくり多摩川を見つめてくるとともに、夏休みの個人研究でより多角的視点で「川」「水」を見つめることができました。

そこで、それらをより深く調べてみようと、こだわり研究グループを結成していきました。「三～六人ぐらいを目安に」「友達で選ぶのでなく本当に調べたいテーマを選ぶ」「おうちの人たちに協力してもらって二回以上実際に多摩川に出かけて調べられるテーマを選ぶ（資料だけの研究はダメ）」という三つの条件でグループは結成します。毎年、テーマやグループ数はさまざまですが、この年は「魚」「鳥」「虫」「川虫」「釣り」「水」「ゴミ」「歴史」「化石」「写真」に分かれました。

魚グループはひたすら川に入って川の生き物を捕りまくりました。そして水槽をさらに賑わせ、より多摩川に棲む生き物の種類や生態を豊かに示してくれました。また、よく捕れる捕り方や場所を、出会った名人に教えてもらって紹介もしてくれました。

ゴミグループは、ひたすら土手を歩いてゴミを収集しました。そうして何がどのぐらい落ちているのかをつかみ、汚している人たちは誰かを考え、川を汚さないためにはどうしたらよいかをまとめました。あわせて収集したゴミも収集場所に出して、美化にも一役買いました。

写真グループは、多摩川の心に残った風景をみんなに紹介して残そうと考えて、多摩川のあちこちを回って、その風景を写真に撮って、写真展として発表できるように頑張りました。また、撮影中に出会った人から、多摩川への思い出も聞き取りして紹介してくれました。

さてこの年、今までの多摩川研究にはなかった、歴史グループに注目していました。河口や東京湾も学習対象にしてきたことに触発されたようです。多摩川の河口にある羽田空港は、空港になる前は海苔の一大養殖場であったことを突き止めたことから、海苔の養殖をしていた時代を調べたいと考えたのです。

今までにない研究をしようとしていたので、どこでどうやったら現地調査できるかも分かりませんでした。そこで、活動計画書作りには私も調べてアドバイスしました。一つは大田区に郷土博物館があって、そこで海苔の養殖の様子がつかめることが分かり紹介しました。そしてもう一つは、春に河口付近をフィールドワークしていたときに出会った漁師の佐藤茂樹さんを紹介したことでした。伺っていた連絡先に電話して、子どもたちの取材活動に協力をお願いしたところ、快く引き受けてくださるとともに、大田漁協の連絡先も教えてくださいました。

私もまだ、大田漁協には行っておりませんでしたから、直接お願いしに行きました。そこではじめて組合長の伊東俊次さんにも出会いました。伊東さんはテレビ番組でも度々取り上げられる有名なアナゴの漁師さんでした。私が訪ねるとさまざまな仕掛けも見せて丁寧に説明してくださいました。さっそく子どもたちに紹介しました。

こうして歴史グループは、二回の調査活動に出かけました。そうした中で、地元の子も関心を示さないでいたアナゴ漁に和光小学校の子どもたちが深く興味を示しました。つぎつぎと質問するので、伊東さんは大変気をよくされたようです。「おじさんの捕ったお魚を出しているお店に行こう」と誘われて、午前中調査活動に行っていた親子はその足で昼食には絶品のアナゴ丼を食べてきました。

「多摩川が汚れていたときは捕れなくなったけれど、今はきれいになったからこのおいしいアナゴがまたたくさん食べられるようになったんだって」

「いいなあ、おれたちも食べにいきたいよ」

と羨ましがられるように、ボリュームのある丼とおいしそうに食べている写真を添えて活動報告していました。

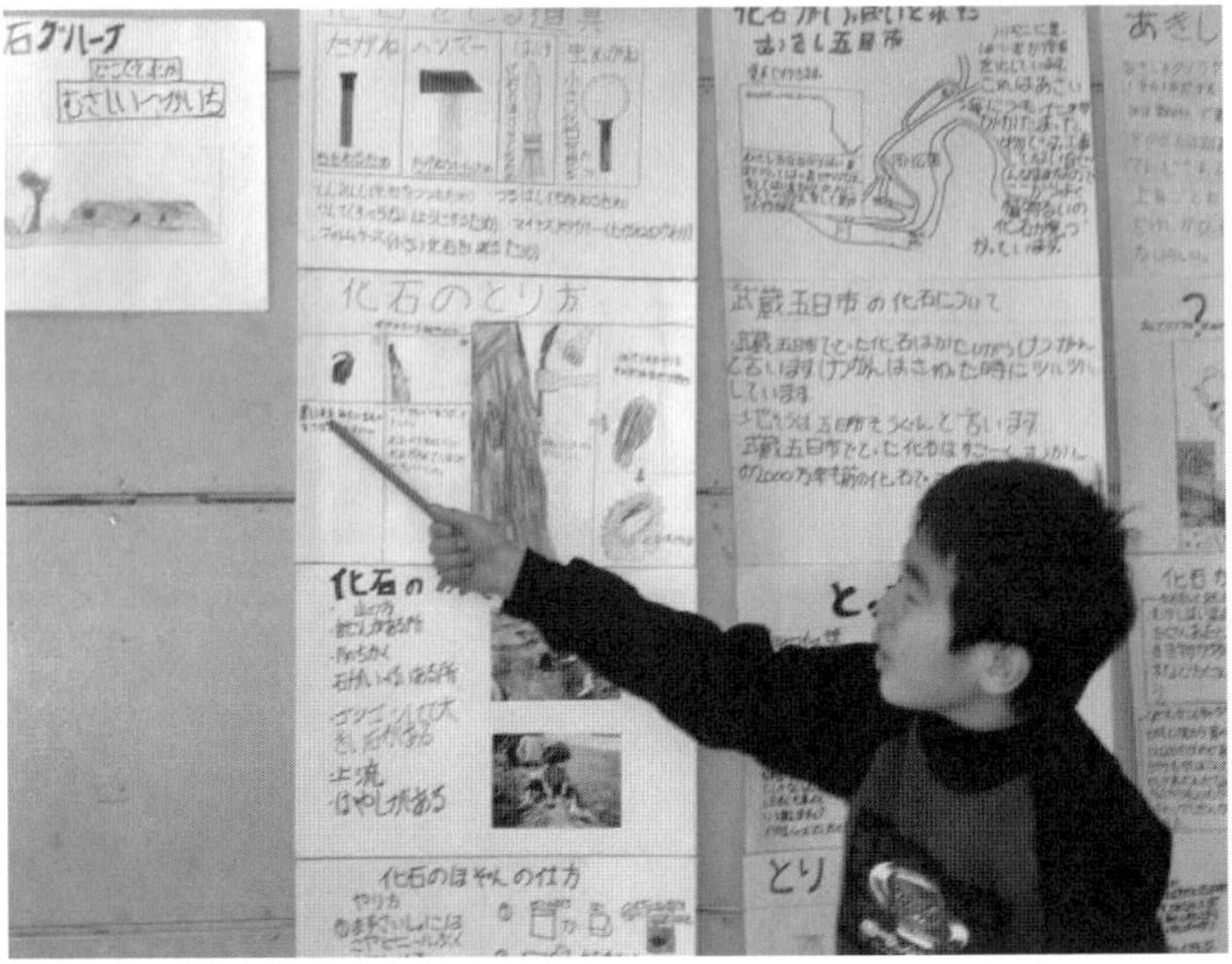

◎多摩川を伝える会（実践当時）

■研究の成果を伝える

こうしてそれぞれ活動してきたことを、項目ごとに画用紙に一枚以上ずつにまとめて、グループ研究まとめができるように進めていきました。そうして、二学期末にママ・パパ、一つ下の三年生、それにお世話になった方々をご招待して、「多摩川を伝える会」を開催しました。

発表は、体育館（現在は学年フロア）に各研究グループごとにブースを設けて、そこへ呼び込みして人を集め、時間まで何度も発表を繰り返します。

魚グループは水槽を運び込んで直接見られるようにする。化石グループは陳列して手に取れるようにする。釣りグループは紙の魚にクリップを付けて磁石を垂らした竿で釣り体験できるようにするなど、見る人たちにも体験して興味をもってもらえるような工夫をして開催しました。

三年生やお世話になった方々は素直に聞いて喜んでくださいますが、ママ・パパたちはわが子の研究にはとりわけきびしく、どんどん解説にない質問を浴びせました。しかし、子どもたちは自分たちの研究に誇りがありました。もちろん聞かれた子がどぎまぎして詰まってしまうことはありますが、ここがグループ研究のよさ。誰かしらグループの子が替わって返答していました。「伝える会」の後、発表を聞いた三年生と発表した当人に感想文を書いてもらいました。

●三年生　川虫のところで、いろいろな川虫やカニを見たよ。なんかすごいなと思ったのは、なんでそんなにつかまえられたのかな。すごいなあと思いました。

●三年生　くわしく教えてくれたから、よくわかったよ。ビデオも見せてくれてありがとうございました。アナゴの天ぷらがおいしそうだったよ。よくわかって勉強になりそう。れきしグループに行ったらよくわかった。

●広人　（前略）つぎはぼくの番で、お父さんとお母さんに言われた。声を大きく出して、はっきり言った。おきゃくもわかってくれて、ノートにメモをとっていたからよかったよ。（中略）

ゲストもきてくれてうれしかった。今度とうろん会をやりたい。やってよかった。

●花林　私はれきしグループで、れきしを調べていてとても楽しかった。それは、伊東さんや佐藤さんのしかけの話や魚の話でした。（中略）私たちの活動が終わって、まとめをしていると穴子丼のことを思い出しました。もう一度羽田に行きたいです。（中略）伝える会で三年生に伝えるときにうれしかった事は、三年生のみんながれきしグループに集まってきてくれて、穴子筒の事もしかけの事も聞いてくれて、きょうみをもってくれて、すごくよかったです。ここまでがんばってきたかいがありました。これからは、三年生に多摩川はかせになってほしいと思います。

■多摩川をめぐって考える

社会科の「ゴミ」の学習を実態に即して深めていき、学年で世田谷清掃工場見学に行きました。すると、処理できない不燃物と、焼却されてもなお残る焼却灰は、東京湾に浮かぶゴミの島「中央防波堤」に送られていることが分かりました。「そこをぜひ見たい」ということになって、行き方を調べ、電車とバスを乗り継いでふたたび社会科見学することになりました（現在は「防波堤」内部に入ることは不可）。見学後、作文を書いてもらいました。

◎東京湾がどんどんゴミで埋まっていく（2002 年当時の最終処分場「中央防波堤」）

●藍子　（前略）ゴミの山を見た。なんか多くてびっくりしてしまいました。どうしてかというと、東京わんがほんとは海なのに、みずうみみたいになっているからです。それくらい小さくなっていました。思っていた東京わんとはぜんぜんちがった。これから東京わんが、どんどん小さくなっていってしまうのかなあと思いました。

ところが、ちょうどその頃、東京都で新たなゴミ問題が表面化してきました。奥多摩にある日の出町に、反対する人々を押し切る形で「中央防波堤」の代替地としてのゴミ最終処分場を都が建設したのです。日の出町は多摩川の上流域にあります。処分場の土壌汚染がスクープされると、地元民だけではなく多くの都民も汚染への関心を高めていました。

当時、テレビや新聞が連日報道していたので、

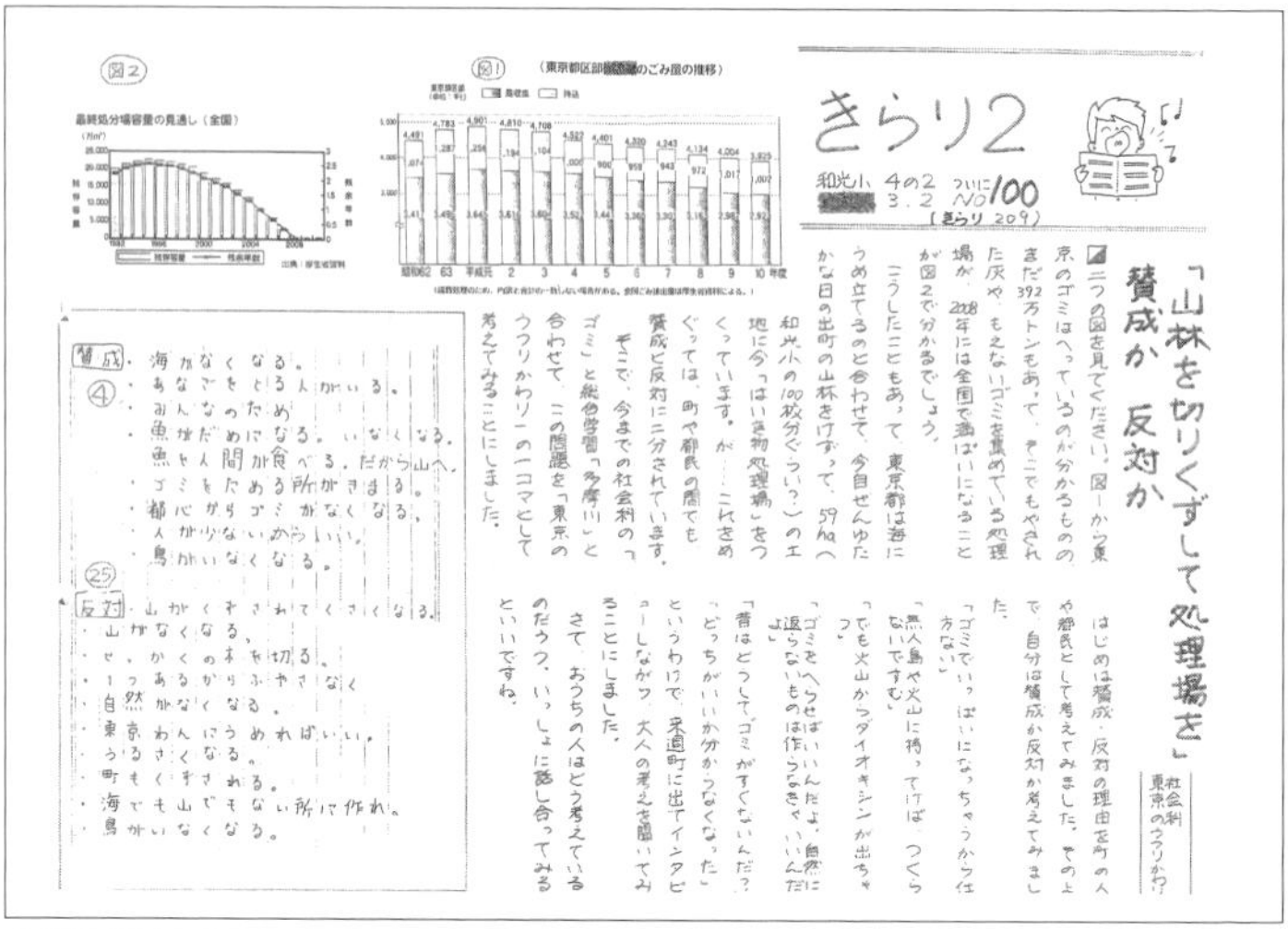

図2
最終処分場容量の見通し（全国）

図1
（東京都区部[redacted]のごみ量の推移）

きらり2
和光小 4の2 ついにNo100
[redacted] 3.2
（きらり 209）

社会科
東京のうつりかわり

「山林を切りくずして処理場を」
賛成か 反対か

二つの図を見てください。図1から東京のゴミはへっているのが分かるものの、まだ392万トンもあって、そこでもやされた灰や、もえないゴミを集めている処理場が、2008年には全国で満ぱいになることが図2で分かるでしょう。

こうしたこともあって、東京都は海にうめ立てるのと合わせて、今日せんゆたかな日の出町の山林をけずって、59ha（へ和光小の100枚分ぐらい?）のエ地に今っはい棄物処理場」をつくっています。が……これをめぐっては、町や都民の間でも賛成と反対に二分されています。

そこで、今までの社会科の「ゴミ」と総合学習「多摩川」と合わせて、この問題を「東京のうつりかわり」の一コマとして考えてみることにしました。

はじめは賛成・反対の理由を町の人や都民として考えてみました。そのよで、自分は賛成か反対か考えてみました。

「ゴミでいっぱいになっちゃうから仕方ない」

「無人島や火山に持っていけば、つくらないですむ」

「でも火山からダイオキシンが出ちゃう」

「ゴミをへらせばいいんだよ。自然に返らないものは作らなきゃいいんだよ」

「昔はどうしてゴミがすくないんだ?」

「どっちがいいか分からなくなった」

というわけで、来週町に出てインタビューしながら、大人の考えを聞いてみることにしました。

さて、おうちの人はどう考えているのだろう。いっしょに話し合ってみるといいですね。

賛成 ④
・海がなくなる。
・あなごをとる人がいる。
・みんなのため
・魚がだめになる。いなくなる。魚や人間が食べる。だから山へ。
・ゴミをためる所がきまる。
・都心からゴミがなくなる。
・人が少ないからいい。
・鳥がいなくなる。

反対 ㉕
・山がくずされてくさくなる。
・山がなくなる。
・せっかくの木を切る。
・1つあるからふやさなく
・自然がなくなる。
・東京わんにうめればいい。
・うるさくなる。
・町もくずされる。
・海でも山でもない所に作れ。
・鳥がいなくなる。

◎学級通信「きらり」100号（実践当時）

子どもたちの中にもそのことを知っている子が出てきました。「ゴミ」学習の最後に、当初の学習プランにはなかった「ゴミの最終処分場」を加えて、事実を確かめて考え合うことにしました。日の出町にゴミ最終処分場を造ったことに対する是非が子どもたちの中で大激論になりました。

そこで、「大人はどう思っているのか聞いてみたい」ということになって、家族への聞き込みと、さらに聞き込む楽しさを獲得していたこの子たちは街の人にも聞いてみたいと街頭インタビュー活動も始めました。一人一組で商店街を歩く町の人・通勤通学する人に声をかけて聞き出したのです。

翌日その結果を報告し合いました。すると「仕方がない」とか「海ならいいけど山はダメ」という意見が多かったことが分かりました。これに対して、歴史グループで漁師の伊東さんからしっかり話を聞いて来ていた絵里加ちゃんや花林ちゃんたちが「海がよくて山がダメなんておかしい！　アナゴりょうの伊東さんたちはどうするの！　人が少ないから捨ててもいいというのはおかしい！」と猛烈に怒って発言しました。

一方で、冷静に「都心がゴミの山になってもこまる」「海にばかりすてていたら海がなくなる」と発言する子もいました。大人も賛否二分していましたが、子どもたちもまったく同じでした。ですからどちらかに決してしまうようなことはしません。賛成派と反対派のそれぞれの理由を明らかにし続けながら考えていかなくてはならない課題です。しかし、二〇一三年の今では、まったくと言っていいほど最終処分場の問題は忘れられてしまっていると、これを打ちながら改めて思い起こしています。

■多摩川を見続けて得たもの

●理佐子　ゴミの勉強はすご〜いつかれました。渋谷にはいっぱ〜いゴミがあることを思い出すと、よるのゆめでも総合のことがでてきてつかれました。私は、なんできれいな川をきたなくするんだろうと思いました。

●陽平（前略）古屋さんは、人間はしぜんをこわして、道路やダムをつくったりして、工事でいらなくなった道路の石を川にすてて、魚や虫が死んでって、人間はそれをはんせいして、ゴミを川に流さないどりょくをしたら、魚が昔みたいにふえて、虫たちも生きかえってきたと言っていた。木を育てるのがしぜんの仕事で、水源林を守るのが人間の仕事。人間としぜんがなかよくしないといけないと言っていました。ぼくは、あのあばれ川のことを思い出しました（前出『川は生きている』の一節／筆者注記）。本当に人間はしぜんのことを思ってあげなくっちゃと思います。（後略）

●大吾　すごくいろんな思いをしたけど、すごく楽しかった。いろんなところに行って聞いたりして。あと、昔はとても魚もいっぱいいたと思う。でも今は頭がくるったようにすごくかわってる。川のことも考えないで。すぐにゴミをすてて。魚がすめなくなっちゃう。これからが心配だ。魚がすきな人もいるのに。魚がかわいそう。これからは川を大切にしないといけないと思う。

●康人　今の多摩川はすごくきたない。これから多摩川をどんどんきれいにしていきたい。それで昔みたいに泳ぎたい。それで魚がすめるぐらいにきれいにしたい。だから、きたない水を川に流していたら、多摩川がきれいになれない。今きたない多摩川をこれからきれいにして、魚が元気にすめるぐらいにしていきたい。

●晴夫　使う水はじょう水場できれいにされて水道から出るけど、その間にきたない水をきれいにしたりして、すごい長い道のりでやっときれいになるのはすごいと思いました。

「多摩川」を定点的に研究していくことも大切だと思います。しかし、四年生ともなると地理認識もかなり深まってきていて、点から面で物事をとらえることが可能なのだということを教えられました。それはテキストによる学習ではなく、中学年が大いに発揮し始める冒険心を大事にして学習活動を進めることと、大人たちがそれを応援していけることで実現できるのだと思います。今小学校中学年の子どもたちに求められているのは、こうした学びなのではないでしょうか。

第二部は、花林ちゃんが書いた作文を紹介して閉じたいと思います。

●いろいろな町をじっさいに見て、すこしものしりになった気がします。今、じょう水場のことをきかれたら大丈夫だと思います。それはいろんな人にであって、いろんなものを見て、いろんなことをおしえてくれる人に出会ったからだと思います。もしそれがちがうなら、みんなでとうろんし合って、いろんな人の意見をきいていたからだと思います。

小学校中学年では、周りの人に関わって聞き取り、みんなで討論して意見を聞き合いぶつけ合いながら、自分なりの考えをもつことが大事で、それがこの後の高学年の姿となって通じていくのだということが見事に描き出されています。

第三部　多感な時代の高学年の学級で

一　「小学校高学年」という時期

今まで「かわいい」と思っていた子が、突然親や教師に対して素直でなくなり、反抗的な態度すら見せることがあります（Aタイプ）。今までとの違いに戸惑い、どのように子どもに関わってよいのかと、親も教師も悩んでしまいます。しかし、親や教師に対して反抗的になることは、裏を返せば自分に対して素直になり、その思いの実現のために行動的になってきているということです。ことばを変えれば、「自分」をしっかりと意識し、その自分を大切にしようとして、より「自分」を形作っていく。そういう年頃に育ってきたというわけです。

こうしたとき、子どもに対して、いかに親の威厳、教師の威厳を振りかざしても何の効力もありません。むしろ反発を生んで、より一層反抗的になっていくことでしょう。大切なことは、大人からすると未熟や違和感を持ったとしてもすぐにはそれをことばにせずに、まずは一旦聞き取って、その上で対等な立場で大人として考えることを話していく。そして、互いの言い分を伝え合うにとどまらず、よく話し合うことで練り合って認めていく。そうした関わりが大事になってくると思います。

しかし、いわゆる強い姿勢で出てくる子ばかりではありません。逆に急にふさぎ込んで何も話さない。顔を合わせようともしない。こんな態度を表す子もいます（Ｂタイプ）。何だか元気がないので心配になってしまいますが、実は自分の中で「自分」としての答えを生み出そうと真剣なのです。この過程をくぐることで、「自分」をしっかりと意識して、自分を大切にする人に育っていきます。

こうしたときは、何も言わずにそっと笑顔を返して、「何も言わなくてもいいよ。いつでも応援しているからね」というメッセージを、表情やことばで伝えていけばよいのです。

ＡＢどちらのタイプにしても、今まで自己中心的で自分が好きなようにやろうとしていた中学年までと違う姿を見せてきています。それは「周囲」を感じて、その外の世界に今までと違う魅力や快感を覚えて、そこに「自分」を求めていこうとしているのです。それを素直に受け入れて反抗的になるか、それを受け入れてよいものかと悶々とするかで、タイプの違いが表れているのではないでしょうか。

そこで、この時期に大切にしなくてはいけないのは、何かがあってからでなく、常日頃から、大人自体も「周囲」に敏感となって、それをどう見るのかを考えること。そのことを、家庭でも学級でもよく考え合える、話し合える環境にしていくことではないでしょうか。ゲームやスマートフォンなどの物的な話題、芸能、スポーツ、事件・事故、社会紛争など報道されていることでの話題、友達関係などの身近な関わりなど話題は事欠きません。これらの話題でテーブルを囲んでも何気なく話せる。

ときにはぶつかることもあったり、逃げられたりすることがあっても、夫婦で、親子で、学級で、考え合っている、話し合っている、その姿を見せられている。願わくば一緒にそうして過ごせる。そうした環境が、とりわけこの時期からは大切にしたいものだと思います。

二　忘れられない六年三組

私は、公立・私立合わせて、十一年間小学校の高学年を担任してきました。子どもたちのカラー、一緒に組んだ学年教師集団のカラーもあって、それぞれに思い出深いことが山ほどあります。その中でも思い出深いのは、アリサちゃんという少女と、そのアリサちゃんと過ごす子どもたちと一緒に学びと活動をつくった二年間です。

当時三十七人だったクラスの子どもたちは、決して大きくない教室・大きくない学校の中で、背も体格も相応に逞しくなってきていて、元気に過ごしていました。中学年で集団遊びの面白さを存分に楽しんできたこの子たちは、学校を所狭しと走り回って遊んでいました。

それほど元気な子どもたちですから、授業も賑やか。発言がよく出ることはよいことですが、おしゃべりが多く、思いついたことはよく話せるものの、書くことは避けようとする子たちでした。ですから、よさは生かしつつ、じっくり考え、文にして考えをまとめる力もつけさせたい。そう思いましたが、それはそれは一苦労でした。

また、男子にも女子にも血気盛んな子たちがいて、ちょっとした悪ふざけや言い合いが高じて、イスが飛ぶほどのけんかを始めたりすることもありました。まずはけがをさせてはなりません。落ち着かせて話をじっくり聞いてあげるにも、クールダウンさせなくてはいけません。そのためにも羽交い絞めにしてけんかをまず止めることがよくありました。沙紀ちゃんにはとりわけ苦労しました。背丈の大きな女の子で、当時五年生とはいえ、力が強く、けんかを止めるにも大変でした。しかしそれ以上に大変だったのは、けんかを止めること自体でした。「先生はあいつの味方なんだろ!」となって、話を聞こうとしても話そうとせず、教室を飛び出して行ってしまうこともあったからでした。

こんな調子ですから、担任として関わった五年生のときには苦労の連続で、苦い思い出しか浮かんできません。しかし、今思うと、その苦労していた最中は大変つらいものでしたが、「かがやく今をつくる」からこそ、じっくり考え合い、話し合うことの大切さを、子どもたちと格闘しながら学級に根付かせる時期だったのだと思います。

三 「アリサちゃん」という子

アリサちゃんは、ダウン症の少女です。ご両親の深い愛情の中で、ハンデを抱えながらも健やかに成長し、今は成人して、出身園で保育士の補助員を勤めながら、劇団員として舞台にも立っています。

彼女は人を優しくする力をもっている子です。出身の保育園の先生や、小学校の低中学年の先生たち、園や教室の子どもたちにも可愛がられ、彼女の唄や芝居、絵や詩といった表現活動の中でその類稀な才能を見出されて、力を伸ばしていました。

はるのはっぱは　やわらかい
はるのみどりは　やわらかい

むせんでんわが　あったらいいのにな
赤ちゃんと　むせんでんわで　はなしたい
もしもし　赤ちゃん
男の子ですか？
女の子ですか？
アリサがおねえさんですよ
リズムも　あらまも　おしえてあげる
はやく　うまれておいで
いっぱい　あそぼうね
オギャー　オギャー

はやく　ほんとに　おはなしできると　いいな

アリサちゃんが作った彼女を象徴する二つの詩です。小学校の低学年のときに作られました。彼女は、こうした詩を「あのねノート」に書いては当時の担任の先生に届け、それをみんなに伝えてもらうことで自信をつけ、つぎつぎと作品を書いていきました。それはその後、一冊の素敵な詩集にまとめられました。私たちの学校では、国語の詩教材として今も活用させてもらっています。

その彼女を五年生で担任したわけですが、高学年ともなると学習が難しくなって、学習ノートにお絵かきしているか、机の下に潜り込んで「お地蔵さん」ポーズをとっていることが度々ありました。それでも、音楽や絵画の時間には我先にそれぞれの教室に向かったり、音読は厭わなかったので○《まる》読み（句点ごとに学級のみんながリレーのようにして読む）には参加しました。

「お地蔵さん」は「私はやりません」の意思表示だということが私にも分かってきていました。難しくても、漢字を写し書きしたり、音読したり、実験したりすることは大好きでした。ですから、国語や理科では「お地蔵さん」になることはありません。それに対して、算数や社会のように頭で思考して問題解決していく課題が多いと「お地蔵さん」状態に陥ってしまいます。具体物を持ち込んだり、見学やビデオを多くしたりと、色々と工夫はしたものの、そのときはよくても、毎時間とはいかないもので、そうなると途端に「お地蔵さん」になってしまうのでした。

また、体育は「できない」という意識が働くようで、着替えるときや体育で場所移動するときになるとよく「お地蔵さん」になりました。子どもたちも「ああちゃん、一緒に行こう」と誘ってくれますが、遊びのときなら喜んで走り出すのに、体育となると子どもたちの力をもってしても「お地蔵さん」でした。

四　小学校生活最後の運動会

■リレーチームを巡って

そのアリサちゃんと学級を思い起こすときにまず忘れられないのは、アリサちゃんたちにとっては最後の運動会のとりくみを巡っての激論でした。

アリサちゃんは「お地蔵さん」になって困らせることはあっても、誰からも好かれるような子でしたから、みんなもアリサちゃんのためなら、自分にやりたいことがあっても譲るよという調子でしたから、それまでに大きなトラブルが起こった記憶はありません。

ところが、最上級生となった六年生で、いよいよ「そのとき」がやってきました。

和光小学校では、一年の学級づくりの大きな起動力にしていこうと、五月に運動会を行っています。そして、学級共同の力が発揮していけるように、ほとんどの種目、高学年ではすべての種目が団体戦です。しかも、学級代表が競うのではなく、どの種目も全員参加で行います。

さて、「そのとき」問題になったのは、全員参加リレーでした。五年生のたてわり兄弟学級と合わせて、一組二色各四チーム、二組二色四チーム、三組二色四チームをつくり、その六色で四レースを行います(和光鶴川小学校をつくったので現在は二学級四色)。そしてそれぞれの着順で点数がついて、リレー以外のすべての種目の点数も合わせた総合点で、その年の優勝縦割り学級が決まる仕組みです。

六年生にとりましては、この運動会が小学校生活最後になるわけですから、とりわけ優勝にこだわって真剣になります。そうした折のでき事でした。

私たち三組のチームリーダー会議(五・六年のチームリーダーと担任)で、二色各四チームのメンバーを考えました。それを学級で提案したとき、アリサちゃんと同じチームになった子からまず異議が出されました。

「アリサは、体育や運動会の練習のとき、なかなか来ないけど、本当に走ってくれるの?」

「最後の運動会だからクラス優勝だけじゃなくて、リレーでも勝ちたいんだよ!」

アリサちゃんは、うつむいて答えられませんでした。すると、体の大きな沙紀ちゃんが立ち上がって言いました。

「みんなは勝ちたいばっかりで、ああちゃんのことを考えてあげてるの!?」

教室は一瞬静まり返りました。しかし、チームの航君からは、

「そう言うけど、ああちゃんが嫌なんじゃなくて、最後の運動会だからぼくたちだって勝ちたいっ

ってことを分かってほしんだよ」

という発言がありました。議論は堂々巡りでした。最後の運動会だからこそ心置きなく思う存分に向かってほしい。だからこそ、ここは教師の私が口を挟んで、うまくまとめてしまうようなことはしてはいけないと思いました。私は子どもたちに託して見守りました。

沙紀ちゃんはヒートアップして、教室を出て行きそうになりましたが、利奈ちゃんが言いました。

「あなたはチームリーダーでしょ。そうやって、あなたはいつも飛び出して行こうとするけど、それって無責任じゃない。みんなどうしようか真剣に考えているんだよ」

沙紀ちゃんはその発言の勢いに押されてか、それ以上は言いませんでした。ふたたび沈黙の時間が続きました。そこで私ははじめて口を出しました。

「みんなは、自分たちが勝ちたいという気持ちと、しかしアリサも一員として頑張ってほしい。それをどう合わせていくかを、真剣に考えているんだね。大事なことだ。だからこそ、今ここで簡単に答えを出してしまわないで、明日までにいい考えがないかを考えてきて、そこで話し合いを続けよう。今日の宿題はこれだ」

■子どもたちがつくり上げたルール

考える時間ができたことで、子どもたちもさまざまな作戦を打診してきました。

「先生、ああちゃんにハンデ（変則ルール）をつくることができる？」

「ああちゃんがやる気になるように、ああちゃんの好きなものを持って走るのはどう？」

話し合いの時間に発言できれば最高ですが、そこで発言するまで勇気が持てない子たちもいるものです。しかし、だからと言って無関心ではなかったのです。休み時間や放課後に、さまざまなアイディアを持ち込んできました。

「明日、その意見をぜひ発言して。勇気が出なかったら生活ノートに書いてくるのでもいいから」

こうして翌日の話し合いがもたれました。すると、前日異議を唱えていた航君が

「ああちゃんが（グラウンドの）半分走って、ぼくが一周半走るのでどう？」

と言いました。チーム編成は認めるとして、その分ルール変更で「ああちゃんも参加できる」「一位も狙える」という両方を大事にしようとしての発言でした。うなずく子たちが多く、それならば一気にまとまるかと思いました。しかし、ここでふたたび沙紀ちゃんが発言しました。

「今度の運動会は、ああちゃんだって最後の運動会なんだよ。最後だからこそ、みんなと一緒に一周走りたいに決まっているジャン。そうでしょ、ああちゃん」

すると、アリサちゃんは今度ははっきりと意思表示して「うん」とうなずきました。みんなからため息がもれました。また一からの話し合いです。

ふたたび航君がいきり立って発言しました。

「小学校最後の運動会だからぼくたちだって一位になりたい。でも、アリサは練習にもちゃんと参

◎中学年種目「ヨコタテ」(2012 年度撮影　提供：小暮邦昭)

加しない。だから短い距離でも仕方がない！」

いつもは冷静な航君ですが、運動会に対する真剣さから、珍しく感情露わに発言しました。ふたたび言い合いのようになっていくこともあったので、冷静に発言するよう時折私が制止しながら議論を続けました。

そうした中、アリサちゃんと仲良しだった辰君が、いつもアリサちゃんに話しかけるような言い方で、

「ああちゃんも抜かされたりしないで気持ちよく走れた方がいいでしょ」

「うん」

「それならば、一周全部走らなくてもいいじゃない」

「うん」

「航が一番で走ってきて、途中からああちゃんがバトンをもらって、抜かされないように走

◎4・5・6年競技種目「グランプリレース」（2012年度撮影　提供：小暮邦昭）

れた方がいいでしょ」

「うん」

このやりとりで、アリサちゃんの中に「みんなと同じ一周を走りたい」「でも抜かされたくもない」その両方の思いがあることがみんなに伝わってきました。変則ルールを認めてもらうことでこのチームでいく。みんなの意見がまとまりました。

その後、ご両親に変則ルールで精いっぱい走ってもらうことの了解、他の学級にアリサちゃんが一周未満になる分チームのメンバーがカバーして走ることの了解をとりつけました。最終的には「アリサが四分の三周を走り、その分をチームのメンバーが多く走ること」で決着しました。

こうして、みんなの真剣さに打たれたこともあったのでしょう。仲間に加え、学校へ送り出

◎優勝したチームリーダーの胴上げ（2012年度撮影　提供：小暮邦昭）

すご両親の声かけもあって、アリサちゃんも練習に参加するようになりました。うれしそうに、にこにこ手を振って走るものだから、「ああちゃん、真剣に走って！」と言われることもありましたが、何度かの練習試合でも他チームと大差なく走ることができました。よって、上位がねらえる希望をもったまま当日が迎えられました。

しかし、アリサちゃんのリレーチームは、無情にも最下位でした。しかし、レースが僅差の勝負で走り終えられたこと、アリサちゃん自身一生懸命走って大きく遅れることなくバトンパスできたこと、そして最後までチームとして頑張り抜いて最後の運動会を総合優勝で飾れたことで、アリサちゃんはもちろんみんなも大いに喜び合うことができました。

チーム編成のために授業時間の三コマを費やすほどの時間がかかりました。その分予定していた学習時間を削ることにはなりました。しかし、この時間こそ、「みんな仲良く」などと、読み物で徳目を教えていくことよりも貴重な時間となりました。仲間と共同するための手立て、最後まで一人ひとりを大事にして生かしていくこと、目標を確かにもって話し合っていく中でもっと仲間意識は深まることなどを、生きたドラマとして学級みんなでつかむことができたのです。

五　夢中になれるもの

■六年生の総合学習「沖縄」

和光小学校では、体験と考え合うことを通して学び合う総合学習を重視しています。そして六年生では「沖縄」を題材にした学習を継続的に進めています。沖縄に題材をおくのは、つぎの四つの理由からです。

①亜熱帯の風土ならではの貴重な自然が今なお豊かに残る島
②独自の歴史と文化（ことば・音楽・踊り・食・焼物など）を有する島
③日本国内を戦場とし多くの犠牲者を出した島
④戦後米軍が占領し今も多くの基地を抱えている島

十月末には実際に「学習旅行」として沖縄に行って、歩いて見て聞いて感じて学んでもきます。二〇一二年度のおよその日程はつぎの通りです。

◎一日目　那覇到着〜辺野古海岸（キャンプ・シュワブ）見学〜沖縄国際大学での見学（普天間基地・ヘリ墜落現場）〜戦争体験者宮良ルリ先生の講演
◎二日目　看護学徒隊の足取りを体験（①ひめゆり②白梅③でいごの三コースに分かれて）〜ひめゆり平和祈念資料館・平和の礎〜ショッピング〜沖縄民謡・地元青年会とエイサー交流
◎三日目　座間味島（「集団自決」証言・古座間味ビーチで遊ぶ）〜ホテルで学級集会
◎四日目　アメラジアンスクールとの交流会（文化交流・一緒に沖縄そばを作って食べる）〜帰京

「小学生で沖縄!?」と驚かれる方もいることでしょう。しかし、そこには深い思いがあるのです。本校はかつて、会津や広島を学習旅行先にしていました。それぞれに学ぶ意味を感じて実施していました。しかし、学習活動が深まっていく中で、さまざま社会問題で「沖縄」が取り上げられていました。日本の社会問題を抱えた縮図のような役割を持たされているからです。

三・一一被災地も同様と思いますが、同じ国土にありながら、大きな問題として注目されるのはある一定時期だけです。それを過ぎると現地任せのようにして忘れられていく。日本社会では往々にしてよくある扱いです。私たちは、今をともに生きる人々の苦悩と苦闘を常に感じ、考えて改善・解決を図っていく。そうした姿勢を大事にしたいと思うのです。

それには、報道と教育の力、すなわち常に注目し続ける力が欠かせないと思います。しかも、沖縄には東京にはない魅力もたくさんあります。だからこそ現地に行くことを惜しまないのです。

その学習旅行を一つの節にして、ほぼ年間を通して、総合学習「沖縄」を学んでいきます。

以下がその主な年間スケジュールです。

月	総合学習「沖縄」	教科学習
四月	・授業「沖縄という島」 ・年間を通して東京で「沖縄」を集め発表交流（沖縄物産・情報など） ・ゴーヤの栽培開始（夏休み前後で料理して食べる）	・国語「琉歌」 ・社会「戦後の日本」 ・音楽「沖縄の音楽」（三線体験） ・技術「沖縄ならではの工作」「締太鼓作り」
五月	・沖縄講座（歴史・沖縄の自然・動植物・ことば・音楽など）	
六月	・沖縄チャレンジ（料理作り・シーサー作り・三線体験など）	

	・エイサーを踊り始める	
七月	・学級として「沖縄事典」または「沖縄新聞集」を作る	
八月	・夏休みの「沖縄」一人一研究	
九月	・「沖縄」研究の全員発表交流 ・授業「沖縄戦」	・国語「ヒロシマのうた」 ・算数「単位当たり量で計算する〝鉄の暴風〟」
十月	・学校祭「いちょう祭」でエイサー披露 ・授業「基地の島沖縄」 ・学習旅行の準備 【沖縄学習旅行】	・音楽「命どう宝」 ・社会「戦前の日本」
十一月	・平和宣言集づくり ・沖縄アルバムづくり ・沖縄文集づくり ・東京・神奈川にもある米軍基地（見学活動） ・松代大本営壕建設現場跡見学（有志親子）	
十二月	・学級で「沖縄アルバム」を見せ合う ・親に沖縄を伝える会	
一月	・六年生が五年生に沖縄を伝える会	

■沖縄の踊り「エイサー」

和光小学校でエイサーが踊られるようになって早十五年以上が過ぎました。今や六年生のエイサーは下級生の憧れの的です。「六年生になったらエイサーができる」「六年生になったら大太鼓をやる」と早々目標になるほど定着してきています。その蓄積もあって、今や大太鼓の数も増え、女手踊りのための衣装も徐々に数を揃えてきています。また、太鼓も市販のパーランク（小型の太鼓）から、自分たちで作る締太鼓が使われるようにもなってきています。三線で曲が弾ける子たちも続々と育ち、今では卒業生が弾いてくれる三線で六年生が踊るのが伝統になってきています。

アリサちゃんたちが六年生のときは、エイサーが六年生の踊りとして取り入れられてまだ歴史が浅かったときでした。しかし、勇壮な踊り、みんなで心を合せて一つになってたたいたとき一層心地よく感じられる太鼓の音、三本の弦が奏でる三線の音など、エイサーにはさまざまな魅力が凝縮されています。加えて、すでにエイサーの虜になっていた教員や、三線を巧みに弾きこなす卒業生が応援に来てくれることもありました。子どもたちはすぐにエイサーに魅了されていきました。

九月、十月になると、休み時間はエイサーの音楽と、子どもたちの太鼓と三線の音で、とりわけ賑やかになりました。子どもたちはすぐに私を超え、はるかに踊りも上達し、三線を弾きこなす子まで出てきました。私の株はすっかり下がって、踊りや三線のうまい教師や卒業生に懐いていきました。担任としての焦りを感じて、一緒に踊るようにはしたものの、脱帽してことばで励ますのがやっとの有様でした。当時の子どもたちが書いた作文からは、彼らの熱い思いが伝わってきます。

●愛　特別というわけではないが、リズムや音楽や踊りが楽しいから、勝手に楽しく踊ってしまう。踊っているときは、楽しくて楽しくて最高の気分だった。

●千尋　エイサーはかけ声をかけて踊るから、声がからからになった。だけど、みんなと声をかけ合って気持ちよかった。右手でばちを持ってたたくから、おわったとき右手がいたかった。

●真美　たいこをもつ時点から、沖縄と東京は違うなと感じた。卒業生は、音がものすご一くキレイにそろっていてすごいな一と思ったけど、音をそろえるのはみんながいっしょうけんめいやってできるんだと思う。クラスがまとまらないとできないなあと思った。エイサーは、一人だったらつまらないし、みんなでやるからいいんだなあと思った。

●沙紀　先生たちがエイサーを踊って、その時誠がいっしょになって踊ってたのがすごくカッコよくてすてきだった。あと、いつだったかともちゃんが、先生たちといっしょに踊った時に、私に衣しょうをきせてくれて、「私も六年生になったらこの衣しょうをきてみんなと踊るんだなあ

◎６年エイサー（2012 年度撮影　提供：小暮邦昭）

〜」と思った。エイサーはすごい迫力がある。本番はみんな楽しそうだった。和光最強だっちゅ〜〝な〟！

十月には、学校祭「いちょう祭」で、学級対抗の演出も加えてエイサーを披露します。小さなグラウンドに本場沖縄の活気が響いて、アリサちゃんの学級の子どもたちも拍手喝采を浴びました。その感動で、さらに子どもたちはエイサーの魅力に惹かれていきました。「いちょう祭」後も、沖縄学習旅行で出かけた慰霊の塔の前で踊りました。今度は慰霊を目的に踊ることもあって、エイサーの熱気がさらに高まりました。さらに、いくつかのイベントでの公演の依頼も来て、年が明けてもその熱気が冷めることはありませんでした。

気が付いてみれば、あれほど殺気立ってけんかしていたような一年前がまるで嘘のよう。エイ

◎摩文仁の丘にて慰霊のエイサー（2012 年度映像）

サーに出合えたこの子たちは、誰よりも魅力的に踊りたい、三線を弾きたいと言わんがばかりに取りつかれ、けんかどころでなくなっていたという感じの六年生の二学期でした。

有り余るほどのエネルギーと、それをさらに豊かに表現するだけの力を獲得していけるのが、小学校高学年期なのだということを得心しました。だからこそ「かがやく今」を実感できる、夢中になれるものを子どもたちが獲得していけるように応援していくことが大事なのだと思うようにもなりました。

■真実に目を向けること

小学校高学年になると、受験情報に敏感になって、急に勉強に走り出す子がいます。アリサちゃんのいた学級でもそのことで度々けんかがありました。例えば先の運動会のときです。優勝を目指して放課後も自主練習しようと呼びかけていたリーダーたちがいる一方で、「塾があるから」と参加しようとしなかった子たちもいました。そのことで雰囲気が悪くなることがありました。全国の少なくない子どもたちが、小学校高学年になると明らかに受験競争の渦中へと巻き込まれてしまっていくのが、悲しいかな日本の一面です。しかし、子どもたちは本当に勉強がしたくて塾へと馳せ参じるのでしょうか。一概には言えないでしょうが、親に言われて仕方なく、あるいは友達が行っているから自分もと思って通っている子も少なくないのではないでしょうか。

近年、さまざまな形でＰＩＳＡ（ＯＥＣＤ生徒の国際到達度調査）の結果が使われています。そうして、その結果で一喜一憂して文科省はリリースし、学校も家庭も「学力向上」に煽られています。しかし、「学力向上」の陰で、実はなかなか向上しないばかりか、国際的に見ても明らかに低いのが学習意欲なのです。なぜでしょう。もうお分かりと思いますが、子どもたちが真に学びたいことと、実際に学ばなくてはならないことにギャップがあるからです。

では、子どもたちが本当に学びたいと思っていることとは一体何なのでしょう。それをアリサちゃんたちがまた学級生活の中で表し、私たちに教えてくれました。

十月の沖縄学習旅行は観光して楽しんでくるだけではなく、戦争と米国基地について考えながら四日間を過ごせるように、しっかり事前学習をして出かけます。しかし、出発前の子どもたちはみんなで沖縄に行けるウキウキの方が上回るものです。往路の飛行機の中の姿は想像がつくことでしょう。

◎ひめゆり看護学徒隊としての体験を証言する宮良ルリ先生（2012年度撮影）

それでも、子どもたちは沖縄に着くと真剣に目を向け、耳を傾けて、メモをとっていました。それは、この子たちのためにガイドし、証言してくださる現地の方々の真剣さにありました。

看護学徒隊員として従軍しなくてはならなった方々は、三カ月もの間過ごしたガマ（自然または突貫工事によってできた洞窟）の中で、命がけで食料や水を調達に行ったこと、傷病者の看護・糞尿の世話・手術中の患者の押えつけ・切断された手足や死者の搬送などの仕事を不眠不休状態でしたこと、目の前で友人が爆死したり自らも怪我を負ったりしたこと、戦後も亡くなった友人の遺族には「生きていて申し訳ない」と顔向けできなかったことなどを、涙ながらに話してくださいます。

この方々も、戦後長くこうした証言ができずに苦しんでこられました。しかし、歴史を逆戻

◎ 21 病院壕の中で証言を聞く（2011 年度撮影　提供：小暮邦昭）

りさせるような政治的な動きを感じてこのまま風化させてはいけないと、ずいぶん経ってからやっと語り始められたのです。また、基地と隣り合わせで暮らしていて、墜落した破片で命を落とす危険を感じた体験を持つ方、日々爆音と墜落の恐怖に怯える方、非暴力無抵抗の命がけで米兵と対峙して自分たちの土地を守ろうとした方、米軍基地があることでの苦悩の姿や事故を写真に収めようとして命をねらわれた体験をもつ方などからも話を聞きました。この方々は今も恐怖を感じていることを、切々と語っておられます。

三日目の夜は、学級集会を行います。三日間沖縄を体験して感じたこと、考えたことを語り合い、一人ひとりのことばで現地沖縄で感じ考えたことを作文でまとめていくのです。往路の飛行機の中とはがらりと変わって真剣に感想を

◎沖縄国際大学で米軍ヘリ墜落現場で証言を聞く（2012年度撮影）

語り、ときには基地の評価を巡って熱い討論を始めたりします。

「なぜ生きていることが恥と思うようになってしまったのだろう」

「なぜ戦争に反対できなかったのだろう」

「なぜ困っている人たちがいるのに米軍基地が今も沖縄に集中しているのだろう」

「でも沖縄から米軍基地がなくなったら、日本の安全や基地で働く日本人の生活はどうなるのだろう」

一つの答えを出すことが目的ではありません。こうした疑問をもって考えてみることを大事にしたいと思うのです。小学校高学年ともなると、子どもたちは社会的・政治的な話題の中に自分の関心を寄せ、深く考え始めようとするからです。

●真美　私が一番印象に残っているのはやっぱりガマのことだ。ガラビ壕は（入りたくないなあ）と、怖くて不安になる所だった。それに加え、上から絶え間なく水滴がおり、地面はすべって病院どころか、少し歩くのもキツイ状態だった。みんなで電気を消した時は、時間が止まっている感じだった。ここで生活していたなんて……。考えるのもこわい。ガマには一時間いたかわからないぐらいなのに、太陽の光が懐かしく感じられた。一時間でこうなのに、何日もこの中で生活した人が実際にいたんだから、こわいというか、すごいというか……。でも、ガマ＝地獄の中で生活しないと生き残れない時代だったってことが、一番悲しい。

●悟　沖縄学習旅行の中で、もう一つ「住民まきぞえの戦争」といえる話があった。その話とは、戦時中日本軍に殺された住民の話だった。沖縄戦中その住民が壕の中でさわいだり、方言を使ったりしていたら、いきなりそばにいた日本兵にじゅうで殺されたという話だ。ぼくはこの話を聞いたとき、とてもひどいと思った。なぜなら、その住民は日本軍が自分を守ってくれると思っていたのに、殺されたからだ。しかも「お国のために」くらいガマの中に入って、住民は戦ったり、日本軍のせわをしたりしているのに。

●航　農場が基地の中にあると知ってびっくりした。話を聞いていると中で、すごいばく音がしたから上を見たら米軍のゆそう機だった。ごうけいで三機上空をつうかしていった。その内の一機は戦とう機で、ゆそう機の倍うるさかった。つうかしたときは、うるさくて話が全ぜん聞こえなかった。三機はいつもよりずっとすくないと聞いておどろいたのと、なんかしんじられない気分だった。まい日あんなにうるさいひこう機のばく音を聞いていたら、人も牛も犬も気がくるっちゃうだろうなと思った。

●二郎　ダイインのときになんだか「たすけてえ」というかんじの声が聞こえたかんじがして、すごくぞくっとした。最後に平和集会をした。その時歌った『命どう宝』には力がはいった。ちょっとかなしかった。

■学んだことを総合させて生み出していった劇

和光小学校では、偶数学年が劇の上演に挑みます。二年生はその家族と一年生、併設の幼稚園年長児だけが観るフロアー劇ですが、四・六年生は全校の子どもたちと家族に公開される本格的な舞台劇です。

しかもその劇づくりには特徴があります。よくあるのは、出き合いの脚本を教師が持ち込んで、それを楽しく子どもたちと演技づくりしていくやり方です。しかし、私たちの学校では、脚本選びからスタートし、一貫して教師と子どもたちとでつくっていきます。年度のはじまりの運動会で学級をつくる土台を築き、その後の学習やとりくみでさらに学級としてのまとまりを高め、そうした学級の力をさらに高い段階に押し上げていくためにこの劇をつくっていくと言っても過言ではありません。だからこそ子どもたちの力を大いに結集させていくのです。

まずは脚本選びです。教師からも子どもたちからもそれぞれに劇にしてみたい作品候補が寄せられます。それらを全部読み聞かせて題材を選んでいきます。しかしそこで上演作品を決めてもその通りではなく、演出を一緒に考えます。そうしてその学級独自の工夫や改良を加えてオリジナル台本にしていきます。しかも、教室練習・舞台練習を経ながら、演技はもちろん、道具や衣装、照明効果も音響もすべて子どもたちとともに作り上げていきます。練習を重ねる中でさらに台本が修正・追加されていくこともしばしばです。こうして、照明と音と見事な演技が一体となった、子どもたちによる劇へと仕上げていくのです。

さて、そこでこの学級の子どもたちと、年明けすぐに、「どんな劇にするか」でおよその構想を話し合いました。「お笑いもの！」「六年生だからしっかり伝えられるもの」……意見はさまざまでした。しかし、およそ「戦争物で学園物、しかもシリアスな中にも楽しい物にしよう」という、テーマに絞り込まれました。

そこで、近日中に作品候補を持ち寄ってくることにしました。私から二本、子どもたちから一本作品候補が提案され、読み聞かせをして一本に絞り込み『戦争を知らない子どもたち』（日本演劇教育連盟編『中学生のドラマ③　戦争と平和』晩成書房所収、平久祥恵［作］）に決まりました。

東京大空襲時の防空壕にさまよい込んでしまった現代の少女と、戦争当時の少年とが時代を超えて出会い、互いの服を着替えてタイムスリップし、それぞれの時代を冒険的に体験しようとします。しかし、戦争時代に迷い込んだ現代の少女は悲惨な戦争に遭遇してしまい、命からがら逃げ延びて現代に戻ってきます。その体験から戦争を繰り返してはならない思いを現代に伝えていくというお話です。そのお話の途中、「鬼畜米英」で禁句だった英語の授業に出ることになった戦争時代の少年のトンチのような学級でのやりとりが出てきます。ですから、まさに「戦争物で学園物、しかもシリアスな中にも楽しい物」という子どもたちの願いに合致していました。

この作品に絞り込んで行く段階で、沙紀ちゃんから

「ねえ、この作品をさ、沖縄編に変えて作り直したら?」

という提案が出されてきました。私は上演までの日程を考えて不安を感じていました。しかし、当の子どもたちは、

「東京大空襲の場面をガマの中の話にしよう」

「空襲でやかれるところを米軍の火炎放射器の話にすればいい」

「日本兵が住民をうっちゃうのをいれよう」

とどんどんイメージを膨らませていきました。結局は原作を沖縄風にアレンジして改作した『戦争を知らない子どもたち／沖縄編』としていくことになりました。

上演までは三週間ほどしかありませんでした。練習はもちろん、衣装や道具、音響や照明、特殊効

果も準備しなくてはなりません。一週間以内に脚本も仕上げなければなりませんし、配役も決めなければなりません。まず、原作をたたき台に、ざっとそれぞれの場面をどう作り変えるのか話し合いました。しかし個々人バラバラの発想のままでなかなかまとまりませんでした。

そうした中、日頃から本が大好きで密かに童話の創作をしていると言われていた愛由ちゃんや利奈ちゃんたちが、脚本委員会を独自に立ち上げて、沖縄編に改訂した場面を台本の形に作って届けてくれました。それらも紹介しながらイメージを少しずつ固めていき、最終的に私が一つの台本にして提示しました。原作にはない米兵、日本兵、沖縄住民が新たな役として加わりました。「三線も入れたい」「エイサーも入れたい」というので、三線隊やエイサー隊も加えました。

台本ができ上がったところで配役を決めていき、つぎは幕間ごとの出演者で実際にその場面を演じてみました。そうして、どうやってその場面をつくるのか話し合い、さらに改良に改良を加えていって、学級劇へとまとめ上げていきました。どんどん話が面白くなってきました。

戦時中の証言を語る一人の「声」の役が原作にはあるのですが、その役には三人が立候補していて誰も譲ろうとしませんでした。そこで、元々のセリフを三人で分けて演じることにしました。ところが三人で相談し、その三人のアイディアでセリフを作りかえていきました。

現地沖縄で証言してくださった宮良ルリさん、崎山麗子さん、稲福マサさんとして、その三人がつぎつぎと沖縄戦でのでき事を語ることにしました。

沙紀ちゃんは現代を生きる子どもとしての語りでラストをしめる役でした。その最後のセリフは、

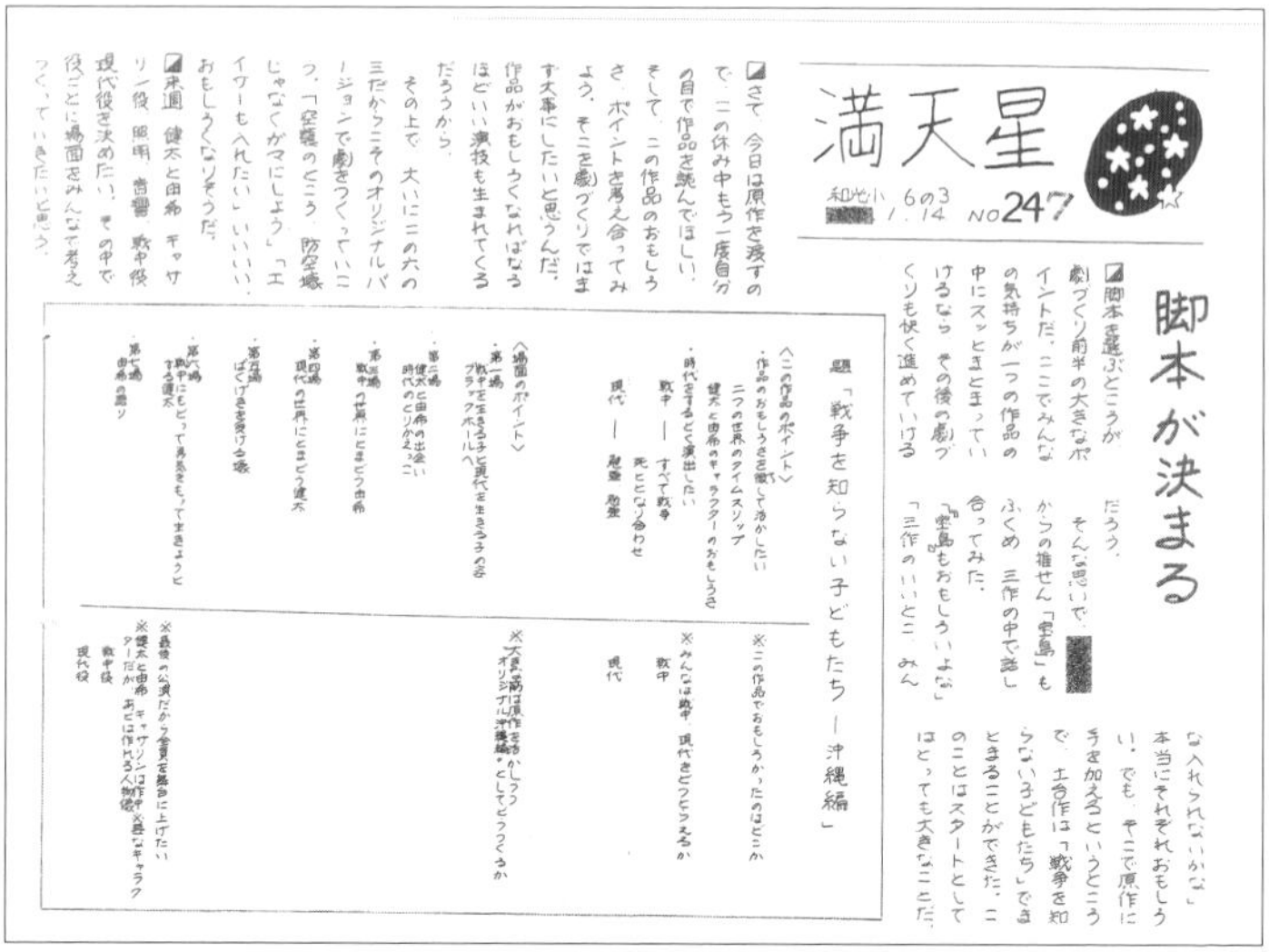

満天星

和光小 6の3 [redacted] 1.14 NO247

脚本が決まる

◪脚本を選ぶところが劇づくり前半の大きなポイントだ。ここでみんなの気持ちが一つの作品の中にスッとまとまっていけるなら、その後の劇づくりも快く進めていけるだろう。

そんな思いで、[redacted]からの推せん「宝島」もふくめ三作の中で話し合ってみた。

『宝島』もおもしろいよな」

「三作のいいとこ、みんな入れられないかな」

本当にそれぞれおもしろい。でも、そこで原作に手を加えるというところで、土台作は「戦争を知らない子どもたち」でまとまることができた。このことはスタートとしてはとっても大きなことだ。

◪さて、今日は原作を渡すので、この休み中もう一度自分の目で作品を読んでほしい。

そして、この作品のおもしろさ、ポイントを考え合ってみよう。そこを劇づくりではまず大事にしたいと思うんだ。作品がおもしろくなればなるほどいい演技も生まれてくるだろうから。

その上で、大いにこの六の三だからこそのオリジナルバージョンで劇をつくっていこう。「空襲のところ、防空壕じゃなくガマにしよう」「エイサーも入れたい」いいいい。おもしろくなりそうだ。

◪来週、健太と由希、キャサリー役、照明、音響、戦中役、現代役を決めたい。その中で役ごとに場面をみんなで考えつくっていきたいと思う。

題「戦争を知らない子どもたち ― 沖縄編」

〈この作品のポイント〉
・作品のおもしろさを徹して活かしたい
二つの世界のタイムスリップ
健太と由希のキャラクターのおもしろさ
・時代をするどく演出したい
戦中 ― すべて戦争 死ととなり合わせ
現代 ― 飽食 飽食

〈場面のポイント〉
・第一場 戦中を生きる子と現代を生きる子の姿 ブラックホールへ
・第二場 健太と由希の出会い 時代のとりかえっこ
・第三場 戦中の世界にとまどう由希
・第四場 現代の世界にとまどう健太
・第五場 ばくげきを受ける壕
・第六場 戦中にもどって勇気をもって生きようとする健太
・第七場 由希の思い

※この作品でおもしろかったのはどこか
※みんなは戦中、現代をどうとらえるか
戦中
現代
※大筋は原作を活かしつつ"オリジナル沖縄編"としてどうつくるか
※最後の公演だから全員を舞台に上げたい
※健太と由希、キャサリンは作中※主なキャラクターだが、あとは作れる人物像
戦中役
現代役

◎学級通信「満天星」247号（実践当時）

台本では「武器よりも三線を」としていました。ところが、どうも練習していてしっくりしないと直前まで言っていました。そして、何と本番でそのセリフを「命どう宝」に変えて、誇らしげに語ったのです。本番でもまだアドリブでセリフを入れて演じるほど、子どもたちの「創る」エネルギーは途切れませんでした。そのラストは、轟音をまき散らして飛んでいく米軍機の後を目で追うようにして、三線を弾きながらこのセリフを語ります。このシーンは舞台練習を応援に来た教師たちのアイディアでつくられました。

ガマの場面を創るところは圧巻でした。原作では突然大空襲に見舞われ炎に包まれる場面です。しかし、子どもたちは「沖縄編だからガマにする」ということで、ここでは現地沖縄での証言を再現するようにセリフ化しました。

はじめは、ガマに避難する日本人を取り巻く米兵が、火炎放射するイメージをつくっていました。しかし、それだと単純すぎるということで、日本人を沖縄住民と日本兵に分けていきました。ガマを脱出するため、負傷兵を取り残して出ることを命じた日本兵に住民が戸惑いを見せるとスパイとして射殺する。ところが、その銃声が米軍の耳に入り、追い詰められたと分かると、日本兵は「天皇陛下ばんざーい！」とさけんで自害してしまう。さらに残った人々が、米兵に火炎放射されてしまう……。こんなふうにつぎつぎと場面を作り出していきました。火炎放射のシーンは、特撮を仕事にする知り合いからスモーク機を借り、それを赤い照明と共鳴させて演出することにしました。母親たちも協力してくれて、古着を生かして兵隊服を作ってくれました。

アリサちゃんはみんなの推薦で、英語の先生役を演じました。アリサちゃんは、クラスの女の子たちが用意してくれた金髪ロングヘアーのかつらが気に入って、とても張り切って演じました。たどたどしい日本語を挟みながら英語の授業を進める役です。子どもたち曰く「シリアスな中にも楽しい」場面をつくる役柄を見事に演じ、大いに会場の笑いを誘いました。

上演後に利奈ちゃんは、つぎのような感想を書いていました。〈（　）は筆者註〉

●日本兵が打たれてからの場面はみんなはくしんのえんぎだった。本気でつらくなった。航（スパイにされて殺される沖縄住民役）がうたれた時、本当に泣き虫の役（ガマにいた子どもの役）だから、泣いた方がいいかなと練習の時は考えてたんだけど、体がこわばって涙がじわっとわいてきた。そして、アメリカ兵がやってきた。本当にこわかった。

照明も音きょうも周りのみんなの声も本物じゃないのに、アメリカ兵がせまってきて、本当にガマの中でおびえているような気がしてきた。誠（自決する日本人将校役）の「天皇へい下、ばんざ〜い！」の自決に、本当に涙が出てきた。真っ赤なホリゾントとけむりが本当に自分がガマの中でガス弾を打たれて苦しんでいるさっかくをおこしそうだった私は劇の中だったけど、ガマでアメリカ兵に追いつめられた人達のこわさ、にげられないこわさや、すぐ横で人が死んでいってしまうこわさ、自決してしまった日本兵のつらさをえんじながら体で感じた。

私は沖縄でルリ先生や崎山さんから話を聞いて、人が人でなくなるこわさを知った。そのことが、この劇の中での体験でもっと近くに考えられたようになったと思う。この劇は、私たちが沖縄学習旅行で学んだことそのものだった。


観ていたママや五年生からも感想が届きました。

●ママ　たいへんすいばらしい劇でした。先生、六年三組のみんな、どうもありがとう。息をのんでじっと見ていました。この劇は沖縄の学習が本当にひとりひとりの中で実を結んでできあがったなあと思いました。六年三組の「戦争を知らない子どもたち」が、一年ほどとりくんできた沖縄を通して学んだ事が、劇をより深く豊かに演じる力になって、見ている私達の心をゆり動

◎手作り『アルバム』で沖縄で学んだことを親たちに伝える（2008 年度撮影）

かす事ができたと思います。また宝物がひとつできました。

●五年生　私はこの劇を見てすごくじょうずだなあと思いました。私はこれを見て、本当に私の目の前でおこっているように思いました。劇の中に入っていたような気がしました。私の兄もおととしの劇の会でこれをやりました。でもなんか今年のとはちがうかんじがしました。やっぱり六年生は戦争のことを調べているので、戦争の苦しみとか知っているから、あんなにじょうずに演技ができたんだと思いました。私も六年生になったら、戦争の事を勉強して、みんなを引き寄せるような劇をしてみたいです。

元看護学徒隊の方々が、数々の死者を目にしたそのガマで、涙ながらに語った惨状や、命と平和の大切さを訴えていたことばを子どもたちは深く胸に刻んでいました。そして、それを自分たちの心の中に宿しておくのではなく、劇という表現活動で伝えようとしました。その心は見事に観ていた人たちに伝わりました。子どもが夢中になって取り組むことをとことん大事にしたいと思わされた劇づくりでした。

六　物語『ぼくのお姉さん』から生み出されたドラマ

■物語『ぼくのお姉さん』

和光小学校では、教科書にとらわれず、子どもたちが夢中になって読み深めたくなる作品を教員たちで掘り起こし、独自の共通教材として子どもたちと読み深めています。六年生の二学期の国語では、丘修三さんの『ぼくのお姉さん』（偕成社）を位置付けていました（現在は五年生に位置付けている）。丘修三さんは、元々養護学校の教員だったこともあり、障がい児問題をテーマにたくさんの作品を書いている作家です。

この作品は、ダウン症の姉ヒロと家族としての様子を弟の「ぼく」からの視点で描いている作品です。「ぼく」も両親もヒロをとても大切にしています。しかし、「ぼく」は友達に姉のことを知られることにはとても抵抗を感じていました。ある日、兄弟姉妹のことを作文にする宿題が出たときに、「ぼく」は書けずに悩んでしまいます。ところがその日、ヒロが福祉作業所で働いてはじめて得た給料で、内緒で家族全員に食事をごちそうしてくれたのです。そんな計画がヒロにあったことを、レストランではじめて理解した家族は大感激しました。「ぼく」はその感動に勇気を得てついに「ぼくのお姉さん」と題して作文を書き始めます。障がい者と共に家族として過ごす人々の苦悩を描きながらも、ほのぼのとした家族の様を見事に描いている作品です。

この作品では、ヒロが必死で訴える「えとあんく」がキーワードになっています。うまくことばで表現できないヒロの気持ちを大抵は受け止められる家族でも、「えとあんく」の意味がはじめは分からなかったのです。実際に連れて行かれることで「レストランに行く」ことだったと知るのです。そうして、その必死の思いが、実ははじめて働いて得た給料で家族にごちそうすることだったと知ります。家族がヒロの思いを少しずつ理解していく過程そのものが、読者である子どもたちにことばでうまく表現できない障がい者の方の心を理解していく過程にもなっていきます。

そこで、最初からすべての作品を手渡してしまうのではなく、場面ごとに教材文を切り分けしたプリントにして渡して、次を予想させながら読み進めていきました。そうして、最後の感激を共に味わいながら、生まれながらにハンデを抱えていても人間としての素晴らしい力をもっているという姿、それを素直に喜び合える素敵な家族の姿を、子どもたちと共に深く読み味わっていきました。

■当時の授業展開

第一次　場面ごとに読み深め合う……………九時間

第一章（二時間）

ア朝のやり取りの場面

・第一章を渡し繰り返し読んでみる

・家族構成を読み取った上で朝のやり取りを役割読みしてみる

・ヒロのことばを読み取り合う（「えとあんく」は何か予想しながらなぞとしておく）

・ヒロというお姉さんの姿を読み取り合う

・ヒロに接する家族の姿を読み取り合う

イ福祉作業所に出かける場面

・「福祉作業所」とはどういう所か

・お母さんと練習してどうにか一人で通えるようになった姿を読み取り合う

・不安をもって送り出していたお母さんの心を読み取り合う

・一方で正一から見たヒロの性格を読み取り合う

第二章（三時間）

ア作文が書き出せない正一の心の場面
・この場面を渡し繰り返し読んでみる
・「頭の中がいっぱい」なことを読み取り合う
・ヒロの日常の姿を読み取り合う
・正一がヒロをどう受け止めているか読み取り合う
・「……」に隠れた正一の心を読み取り合う
イ三年生のときの家での場面
・この場面を渡し繰り返し読んでみる
・登場人物を確かめて役割読みしてみる
・正一の友達が来たときのヒロの姿・ヒロの心の内を読み取り合う
・ヒロを見た友達の反応を読み取り合う
ウ三年生のときの学校での場面
・この場面を渡し繰り返し読んでみる
・「もうクラスじゅうに知れわたっていた」ことの意味を読み取り合う
・クラスのみんながどうヒロのことを見ているかその事実を読み取り合う
・ヒロのことを笑うクラスの中での正一の心を読み取り合う（特に「……」に隠された心）
・ヒロのことで自問自答し続ける正一の心を読み取り合う（特に「……」に隠された心）

第三章（一時間）

・第三章を渡し繰り返し読んでみる

・役割読みしてみる

・「えとあんく」の意味とそのことでの思いを読み取り合う

・はじめはしぶっていた両親を変えた正一のことばを読み取り合う

・気持ちをわかってもらえて得意になったヒロの姿を読み取り合う

第四章（三時間）

ア いつもと違うヒロの様子を描いた場面

・この場面を渡し繰り返し読んでみる

・ゆきつけのレストランでのいつものヒロの姿を読み取り合う

・いつもとは違うヒロの姿を読み取り合う

・勘定書を手に取ったときのヒロの姿を読み取り合う

・「あ、ん、＊@▲：……！」はどう読むか、何と言おうとしたのか考え合う

・「ついと立ち上がった」あとどうするか予想し合ってみる

イ 給料袋を差し出した場面

・この場面を渡し繰り返し読んでみる

・役割読みしてみる

・差し出した封筒の意味を読み取り合う
・その給与を得るためのヒロの働く姿を読み取り合う
・「えとあんく」の意図をはじめて知った家族の受けとめを読み取り合う
・家族に感謝されて喜ぶヒロの姿を読み取り合う
ウ レストランのお勘定からラストの場面へ
・最後の場面を渡し繰り返し読んでみる
・給料袋の中のお金を読み取り合う
・「ああやってはたらいて」と「これだけなの」の意味を読み取り合う
・お勘定するヒロの姿を読み取り合う
・細工をしたお父さんの思いを読み取り合う
・家に帰ってからの正一の姿を読み取り合う

第二次　通し読みでさらに読み深め合う……………二時間
ア 正一の心の変化
・全体を通して読んでみる
・正一の心の変化を読み取り合う
・何が正一にお姉さんのことを作文にする勇気を与えたのか読み取り合う

・「ぼくのお姉さんは障がい者です」のあと正一はどう書いたかを書き出してみる

イ 正一になって書いた作文の交流

・作文の交流

・作者の紹介と他の作品の紹介

第三次　作品をどう読んだかの意見交流……………………二時間

ア 作品をどう読んだか作文する

イ 作品をどう読んだか意見交流する

■子どもたちはどう読んだか

●愛　私は、この『ぼくのお姉さん』の家族はすごい！　と思った。みんなヒロのことを大切にしている。正一も私はすごいと思った。その一日ですごい成長したなあとすごく感じる。前はヒロのことをいい所なんか一つもないと言っていたのに、レストランから帰って来たら、自まんしたくなるようなお姉ちゃんと思えるようになったからだ。お母さんは、いつものヒロのことを見ていて、大変なときでもずーっと見ている。私はお母さんが泣いて喜ぶ気持ちがすごく伝わって来た。本当にすごいと思った。お父さんは思いやりがあってすごい。千円札を一万円札に変えた。

ヒロの気持ちをうれしいままにしておきたかったからしたんだと思う。ヒロがしたこともまたすごいと思う。ふつう思いつかないと思う。だけど、はじめての給料でおごれたのは、ヒロの家族に思う気持ちがすごくあったからできたんだと思う。ヒロは家族のことを思っているし、信じているし、優しいんだなと思った。

●光平　ぼくは今まで障がい者の苦しさというか、障がい者の大変さというものを知りませんでした。しかし、『ぼくのお姉さん』という作品を読んで、障がい者の気持ちや努力を知りました。障がいをもっている人は、ぼくたちの努力する倍の努力をしていて、何をするにも自由にできない。やりたくてもできないという苦しい病気でした。障がいをもっているヒロは、がんばって働いた給料で家族みんなに食事させてあげたかったのに、言葉がうまく通じなくってみんなにわかってもらえなかった。でもぼくは、障がいをもっていたってぼくたちみたいに考えていることは同じであって、ただなかなか行動できないだけだと思う。だって、ヒロは、みんなを喜ばせてあげようと必死でがんばったのだから。

■子どもたちの疑問から

子どもたちとじっくりとこの作品を読み味わってきました。その中でさまざまな問いも生まれましたが、みんなで考え合ってこの学級なりの考えで読み取ってきました。しかし、どうしても自分たちだけでは答えの出せない疑問が残りました。それは「ああやって一日中はたらいて、一月の給料がこれだけなのだ」の一文でした。「はじめての給料とはいえそんなに安いはずはない」というのです。

●貴雄　この給料の中身は三千円しか入っていなかった。ぼくは、一か月の給料が三千円だと知ってすごくひどいなと思った。三千円だと、自分のバス代で終わってしまうし、毎日朝早くがんばっていったりしてるのにひどすぎるなと思った。

●哲也　ぼくがぱっと三千円という数字をみると、高いんじゃないのと思いました。けれども、実際計算してみると、何と一時間働いてたったの二十円しかもらえないような様子でした。ふつうの人がアルバイトとかをしていれば、なんとか一人でくらしができる。でも障がい者の人は、まったく一人では生活することができないことになる。これでは完全に差別されている。

「物語だから」と済ましてしまえばそれまでですが、現実にあったことを物語化して書いている作品だととらえて読んできたからこそ、「一か月の給料が三千円」というのはあまりにも安すぎるのではないか。これは現実なのか、物語だからこの値段設定なのか、これは私にも分からないことでした（この作品の初版は一九八六年）。国語の授業からは離れますが、子どもたちにも私自身にも関心が強かったので、「もし調べられたら調べてみよう」ということにしました。

私は、かつて公立学校の教員時代に、「こどもまつり」運動に関わっていました。そこに毎年共同作業所のみなさんが参加されていたことを思い出しました。そこではじめてその共同作業所を訪ねてみることにしました。そして、作業所内を見せていただきながら、職員の方にお話を聞くことができました。

その方の説明によれば、日本での福祉行政は非常に遅れていて、作業所の多くは共同出資で経営している。そうすると、作ったものを売ってお金にしたとしても、そこから家賃・光熱費・機材購入費・材料費・人件費・食費など自前で賄わねばならない。とはいえ、さまざまな障がいを抱えているがゆえに、大量生産や精巧な作品をつくり出すのも困難。さらに、作業所に対する理解が社会的に乏しいためになかなか売れない。だから安値でないと売れない。そうなると、実際に障がい者の手に届くお金は想像がつくことでしょう。はっきりとは答えてもらえませんでしたが、「一か月の給料が三千円」というほどに低賃金にならざるを得ないのが現実である、ということは自明でした。

残念ながら休日に訪問することしかできず、実際の作業の様子を拝見することはできませんでした。かわりに作業の様子を録画したものならあるとのことでしたので、ダビングさせていただき、週明けに、この訪問で教えていただいたことを子どもたちに伝えました。

「やっぱり本当なんだ……」

「でもそれってあんまりにもひどいんじゃない」

厳しい現実を突き付けられたようでそれ以上声が出てきませんでした。

あわせて作業所の様子を録画したものをお借りすることができたことも伝えて、一緒に見てみました。映像が進む中で、重度障がい者の方の様子が写し出されました。叫び声を上げて座っておられました。職員の方の声かけでもなかなか葉書の袋詰め作業が進みませんでした。また別の方は、一枚の手すきはがきに三つの模様スタンプを押すのに、じっとスタンプを見つめたままでした。そうしてやっと動いたと思ったら、今度はインク台にスタンプを押し当てたまま動きませんでした。それからしばらくたってやっと押し場所を確認して押すのですが、今度はぎゅっと押し当てたまま動きません。この繰り返しですから、一枚の葉書ができ上がるにも何分もかかります。その姿に子どもたちも私も驚きでした。「ああやって一日中はたらいて」の意味が、文章で読み取った以上に実感できました。

●裕也　月曜日にビデオを見たけれど、みんなその人なりにがんばっていた。ただじーっとさぼっているのではなく、ちゃんと自分で考えて仕事をしていた。あのスタンプをおす仕事だって、ぼくたちならパッパッとできるけど、それをじーっと考えたり、スローでやったりして苦労してると思う。

●真美　作業所はこのために造られたものじゃなくて、何かに使っていたのを古くなってから作業所として使われている。ここでまず私は、新しいのにしてあげればいいのにって思う。こういう作業所を造るのはけっこう大変。お金もけっこうかかるし、障がい者だけではやっていけないから、ボランティアだって必要だし。こんな作業所ってごく最近できてきて、今でもまだ少ない。そういう作業所を造るのはだれかは知らない。だけど、もっと沢山こういう施設を増やしてほしい。障がい者がふつうの会社とかではたらけないってだめなんだけど多いし、それって変だと思うけど、そういう実感があるから福祉施設ってなければならないと思った。

●健介　正一が働いてこれだけかよということがよく分かる。障がいをもっている人は、みんなみたいにすぐにぱっぱってできないのに、三千円なんて安いと思う。

■思いが詰まったアリサちゃんの作文

こうして、現実にあり得る物語として読み進めながらも、あくまでもこの作品の世界として読み深めていくようにしました。ですからダウン症児として生まれたアリサちゃんが学級にいることは分かっていても、アリサちゃんに引き付けて考えるということはしていません。しかし、当然のことながらみんなもどこか気にかけて読んでいたことでしょう。沙紀ちゃんは読後の感想でつぎのように書きました。

●「六年間アリサと同じクラスでかわいそう」と言われたことがあって、心の底から怒ったことがある。アリサは私にとってただ友達だ。いや大の親友だ。もちろんアリサは独りじゃできないことだらけだ。だけど、クラスの仲間や家族に愛されて育って来た。そして私もアリサに成長させられた。六年間、ずっといっしょに育って来た。大切な友達をこんなふうに言われたら、だれだって怒ると思う。アリサは障がいという大きな壁に真正面からぶつかって生きている。どんな気持ちか本当は分からない。だけど、どんな大きな壁だって、友情と愛情にはかなわないと思う。だから、家族のやさしい愛情で育ったヒロと正一も私たちと同じだったかも知れない。そして、この話のこの一日で、正一はどんなことを感じて、どんなところが変わったかは、何となく私にもわかる。そして、ヒロのこのやさしさは、まるで自分が物語にいるように感じる。つらくなるほど純粋でやさしくて、全体を読み直したとき泣いてしまった。

私は、この作品にアリサちゃん自身がどう向かうのかを終始気にかけていました。しかしアリサちゃんは、輪番で声に出して読む番のとき教材文に目を向けるだけで、絵を描いたり、大好きな音楽の歌集を見たりしていました。特別関心を向けるでもなく、拒絶して顔を伏せるなどということもしていませんでした。

読後の作文の時間も同じようにしていて、原稿用紙に向かうことはありませんでした。アリサちゃんにはつらかったかなとも思い、「おうちでいいから書けたら書いてみてね」と言って、作文用紙をそのまま持ち帰ってもらうことしかできませんでした。

こうして、子どもたちとはまたつぎの題材で国語の授業をスタートさせました。

ところが、みんなが作文を書いてから一週間ほど経ったころでした。「はい」と言ってアリサちゃんが原稿用紙を渡しました。開いてみるとなんと七枚にわたって「私は私」という書き出しで、『ぼくのお姉さん』をどう読んだか、今の自分をどう思っているのかが綿々と書かれていました。私はこのアリサちゃんの思いをぜひ学級の子どもたちと共有したいと思い、すぐに学級通信で紹介しました。

●アリサはヒロの気持ちがよくわかる。アリサはしょうがいがある。ヒロと同じダウン症だ。でもがんばってる。（中略）アリサは、保育園であかちゃんのめんどうをみたり、あそんであげたり、ごはんを食べさせてあげるお仕事がしたい。（中略）みんなみたいにできるようになりたいって思ってる。（中略）できることもいっぱいある。好きなこともいっぱいある。今一番すきなのはエイサー。みんなとおどると楽しくて、楽しくて、しかたがない。三線もひけるようになりたい。これがアリサのゆめ。中学校はみんなといっしょじゃないけど、アリサはアリサなりにがんばってやっていく。（中略）アリサは口でいうのがにがて。だからかきました。アリサはアリサ。アリサはしあわせ。

「恥ずかしくて読めない」というので私が代読しました。いつもは賑やかなクラスですが、このと

きはみんな最後までシンとして聞きました。そして読み終わると、誰彼ともなく拍手が起こり、

「すげえ」

「よくこんだけ書いたね」

「おれたちなんか自分のことをこんなに考えたことはない」

「将来のことまで考えていてすごい」

「ああちゃんはサボってやらないのかと思ってたけど、本当にできないからやれないこともあるんだな」

という感想の声が続きました。

みんなと同じようにやりたい。でも、それができない・やれないことに葛藤していて苦しんでいる。しかし、できないことがあっても今楽しく幸せだと感じられるならばそれが一番なんだ。普段自分の内面を吐露することもなく、にこにこと飄々と過ごしているようだったアリサちゃんでしたが、障がいを抱えて生きていることに向き合ってこんなにも真剣に考えていたのだということを、私も含めてみんなで実感したときでした。

■ある父親からの紹介

こうした授業でのやりとりは、毎月の学級懇談会や日々の学級通信で家庭にも伝えていたので浸透

していたのでしょう。二学期が終わる頃、ある父親からつぎのような相談を受けました。

「先生、子どもたちが障がい者に温かな関心を寄せ、しかもエイサーを楽しんでいることが、ひしひしと伝わってくる。実は私の知人に重度の障がい者がいて、重度心身障がい者施設である療育センターにいる。どうかそこでエイサーを踊って励ましてもらえないか」

「作業所を実際に見てみたい」「エイサーをもっと踊りたい」と、よく子どもたちから聞かれていただけに、喜んでその話を具体化してみたいと答えました。早々に子どもたちに「ある人から障がい者の方々が療育されている施設でエイサーを踊らないかという話をいただいたけどどう?」と聞いてみました。もちろん子どもたちは大喜びでした。

とはいえ、ときは二学期末でしたので、その具体化は私に課せられた冬休みの宿題となりました。

■療育センターを訪ねて

さっそく冬休みに紹介してもらった療育センターを訪ねました。

そして、学級の親御さんの紹介でうかがったこと。ぜひ子どもたちと一緒に訪問させていただき、沖縄のエイサーを踊り、入所者のみなさんに見てもらって元気を奮い立たせていただけたらと考えていること。それは慰問という一方的な思いではなく、障がい者の理解を深め、共に学び暮らすことの意味を考え合っていく大事な体験学習の機会になることなどを話しました。

しかし、応対してくださった職員の方は「趣旨は分かるしありがたいが、踊っていただいても、拍手もできない、喜びを表現することもできなくて、かえって小学生は気持ちが重たくなってしまうと思う。いずれにしましても一度内部で相談させてください」ということで、その日は成果なく引き上げることしかできませんでした。

冬休み明けにそのことを、相談に来られた父親と子どもたちにも伝えました。すると双方から「もう一度お願いに行ってみて」と言われました。今度は『ぼくのお姉さん』やその読後の子どもたちの感想文のコピーなども携えていきました。そうして、もっと子どもたちの熱い学習の様子や思いが伝わるようにして出かけました。こうした努力が実りました。その熱意を感じ取ってくださって、「三月八日でなら」ということで、療育センター訪問・エイサー公演が実現できる目途が立ちました。報告するとみんな大喜びでした。

■総合学習「命かがやく」の構想

この療育センターでのエイサー公演を機会に、医療と福祉と教育を一体にした施設運営の社会的意義がしっかり子どもたちと一緒に学びとれるようにしよう。そのためにも、六年生最後の総合学習「憲法」を、より「生きる」というテーマに焦点化して取り組んでみようと考えました。

実はそこにはもう一つの私個人の特別な思いも働いていました。それは私の息子と家族の体験でした。私の息子は生まれて間もなく血管腫のために顔面を腫らし、一時は失明も心配しなければなりませんでした。そして、幼少期に数回入院生活を余儀なくされたのです。そして、小三のときにいよいよ手術をするために小児医療センターに入院することになりました。しかし残酷にも午後七時になると家族も含めて面会ができなくなり、毎日ガラス越しに親子で泣いて別れなくてはなりませんでした。

ところがその医療センターには廊下伝いに学校が併設されていたのです。障がいや病気・けがなどでみんな何かしらのハンデを抱えていましたが、親が面会できない時間に一人淋しく暮らすことなく、同じ世代の子どもたちと学習や活動を通して一緒に充実して過ごせる。そうした施設が併設されていたのです。そのことで、どんなにか私たち親子は救われたことだったでしょう。

医療と福祉と教育が一体となった施設があることの社会的意義を、学習を通して子どもたちやこの学級の家庭にも理解を広げていくことができたなら……。そんな思いがまた私の新しい教育実践への意気込みをかきたてました。

職員室でふとこの間のでき事を話したのだと思います。故平野正美主事（当時）が、「それならばこの本を読むといいよ」と一冊の本を紹介してくれました。『ひろがれ病院内学級』（御子柴昭治・渡辺美佐子［編著］桐書房）でした。そして、その編著者の一人渡辺美佐子さんは、訪問教育を積極的に推進している養護学校の先生であること、しかもお子さんを和光小学校で育てた母親でもあること、あわせて連絡先まで教えてくれました。

さっそく読んでみて、ぜひこの先生の話も聞いてみたいと思って電話をかけて申し出ました。すると、快く引き受けるだけでなく、あわせて「それならばソーシャルケースワーカーの方の話も聞くといいわよ」と、具体的にその方も紹介してくださいました。また、良いことは続くもので、たまたま病院内学級の子どもたちを取り上げたドラマ番組があることが分かって、さっそく録画して授業で使おうと準備しました。

私は重い病気やけがで長く入院生活を過ごさなくてはならないことは誰にでもあり得ること。病気やけがに向き合うだけで過ごすことはとてもつらいこと。そうしたときに病院内に学校機能があればとても楽しく過ごすことも可能になること。実際今そうして重い病気やけがと闘っている同じ世代の子どもたちがいること。その子どもたちに思いを馳せながら、自分たちもそうした生活を余儀なくされた場合にも、楽しく過ごせる施設はどうあるべきか考えてみよう。そうした立場で、以下のねらいと授業計画を立ててとりくみました。

■実際のとりくみ

●学習のねらい

①今を病院で生きる子どもたちの生活と思いにふれる
②現代の日本の医療の様子を見つめ直してみる
③「療育」の考えにふれ、それを支える人々に学ぶ

④障がいをもつ人々との交流を通して共に生きる立場で自分の生き方を考える

●授業展開（計二十時間）

第一次　自分たちの入院体験……一時間

・みんながした病気やけが

・みんなが見ている病院の姿

・長期入院したときの思い

第二次　A療育センター……二時間

・家に閉じこもりを強いられていたかつての障がい児

・日本で最初の重度障がい児施設

・患者さんの様子

・センターの施設と職員の仕事

第三次　「療育」とは何か……一時間

・ボールプールのねらいとそこでの患者さん

・医療施設の中の「学校」

・障がい児を育てるための施設やプログラム

第四次　テレビドラマで病院内学級の様子を見る……二時間

・病院長先生のお話
・患者さんを迎える
・エイサー公演
・「島唄」全員合唱
・プレゼント交換
・一対一の交流

第十次　学習のまとめ……………………………………二時間
・センター訪問で考えたことを語り合う
・総合学習「命かがやく」で学んだことを書く
・書いたものを交流して語り合う

■自分たちの病院体験

これからの学習を、自分に引き寄せて常に学習していってほしかったことと、そのことが学ぶ意欲をかきたてることにもなると思って、自分の病院体験を交流するところから始めました。プリントの五つの質問に即して深めました。

①今までにどんな病気やけがをしましたか

②そのときどうやって治しましたか
③入院した経験がありますか（何歳で何でどのぐらい）
④病院で困ったことは何ですか
⑤病院で働く人といったら誰のどんな姿ですか

①子どもたちの体験した病気・けが

まずはじめに、「今までかかったことのある病気やけが」の交流から始めました。つぎつぎ発表される病気やけがに、どのぐらいの人がかかった経験をもつのかも挙手して調べました。発表を恥ずかしがる年ごろになってきていましたが、久々につぎからつぎへと発言が続きました。症状の説明だけで病名が分からず書けなかったものもありますが、子どもたちが挙げてきたものは次の通りです。

かぜ	全員	虫歯	26人
水ぼうそう	16人	アトピー	8人
結膜炎	7人	おたふく	7人
じんましん	7人	リンゴ病	6人
骨折	6人	インフルエンザ	5人
貧血	4人	へんとうせん炎	4人

高山病――4人	肺炎――3人
脱水症――2人	脳震とう――1人
ブドウ糖炎――1人	大腸炎――1人

　こうして挙げてみると、改めて病気の多さに驚いていました。多くの子どもたちの「知らない」病気も多かったようで、かかった子の少ない高山病やブドウ糖炎、大腸炎などの病気については、どんな症状なのかと詳しく聞き出そうとしていました。病気やけがは痛みやつらさを伴うものだけに、「もしもかかったら」という切実さがあるようです。いつもにぎやかな学級もこのときばかりは息を飲んで聞いていました。でも、「小さいときなったことだから」と、病名は覚えていても症状は忘れてしまっているものもありました。ブドウ糖炎などは私も説明できないので、それは後で聞いて来てもらうことにしました。そんなこともあって自分がかかった病気について家で聞いてみる子もいました。

　忙しい現代社会を生きていると、こうして改めて振り返る機会でもなければ、人間がもっとも大事にしなければならない健康について考えてみることができなくなっているのです。予想以上の食いつきで学習がスタートしました。

●太郎　病院にこのごろ行ってないけれども、けっこう昔のことを思い出すことができた。意外にみんなとても色々な病気にかかっていたのでびっくりした。リンゴ病などはあまり聞いていないものだった。ゾーッとする話もあった。

②そのときどうやって治したか

つぎに「病気やけがをしたらどうするか」を交流しました。するとつぎのようでした。

A	B	
・病院や医者に行く	・水分をとる	・自分で手当する
・入院する（手術する）	・よく食べる	・薬を飲む
・検査してもらう	・よく寝る	・そのまま
・点滴をうってもらう	・あたたかくする	

Aのように「病院や医者に行く」がもちろん多数でしたが、子どもたちの中には「そのときによる」ということで、Bのように「自分で治した」という経験をもつ子も非常に多かったのが印象的でした。

そこで、その理由を突っ込んで質問してみました。そのことが今日の医療に対する子どもたちの思いを掘り起こすことになると思ったからです。子どもたちからは、症状が軽かったのか「そのままでなおるから」という答え、「いそがしくて行ってられない」「家庭薬で治せる」という現代社会を象徴した答え、家族のフォローがなかったのか「行く元気がない」という答えが返ってきました。

しかしそれ以外にも「病院がこわい」「薬のにおいがいや」「待ち時間が長い」「注射がこわい」「検査がいや」「他の人の病気がうつる」など、病院そのものへの不満も後を絶ちませんでした。真子は、自分の姉が医療ミスで一命を取り留めた経験を語りました。ちょうどこのころ国語で、「薬害」について書かれたフォト・ルポルタージュ『龍平の未来』（広河隆一・川田悦子［著］講談社）で読み深めていたときでもありましたから、学級が大騒ぎとなりました。すると今度は「薬代が高い」「せっかく行って待ってたのにのどを見てすぐ終わっちゃってなんのために待ってたのか腹がたった」「○○病院に行くとなかなか治療終了を出してくれない」「ケガして△△病院に行ったら変な形でくっついちゃった」など、今度は不満でなく不信といっていい声が止みませんでした。

●愛由　権利をもってても子どもだから無視されそう。それにそういうことをいう機会がないと、いつどこでいったらいいのかわからない。口でいうと変な言い方になったりしてしまう。病院の中にポストみたいのを作って、それを通して要望を聞いてほしい。

●勇　最近の病院はだましたり金のためなら何でもするようなところがけっこうあると聞いてしんようをなくした。金のための病院ならそくやめてほしいし、病院というのは人を助けるものだと思った。

③入院生活で困ったこと

つぎに「入院体験」について交流しました。学級のほぼ半数の十八人が経験者でした。その理由は、中耳炎・骨折・のどの炎症・高熱・肺炎・髄膜炎・心臓障がいによるものでした。太郎君は髄膜炎で入院した経験をもっていたのですが、幼少のころのことだったので覚えていたのは病名だけで、どんな病気だったかは言えませんでした。髄膜炎が命や健康に重大な障がいをもたらすものだということを話すと、みんなで驚いていました。麻子ちゃんは「生まれたとき心臓に穴があいていた」という衝撃的体験を話しました。「今はどうして生きてられるのか」「どうやってふさがったの」と質問が相次ぎましたが、その場では覚えていなくて語れませんでした。麻子ちゃんは体が弱くてかぜをひいてはよく休むことはありましたが、走り回る遊びも大好きな子です。「生きててよかったね」という声が、みんなの思いを代表していたでしょう。

つぎに、「入院で困ったこと」も交流しました。「検査で待つのが長い」「マンガやおもちゃをおいてほしい」「医者の態度が悪い」「値段をわざと高くしてる」「入院したとき家族も泊まれるようにしてほしい」「個室がほしい」「ごはんがまずい」「薬くさいのがいや」などの声が出ました。残念ながら病院にお世話になったことのある人なら誰でも実感する、現代の日本の医療施設を象徴した声ではないでしょうか。

ここで日本国憲法二十五条の学習をしました。すべての国民に健康に生きる権利があることを学びました。「健康に生きる権利って何か」のイメージをつくる話し合いをしました。「病気になったら行ける医者がいる」「予防注射をして病気にならないようにする」「いい空気の中で生きていける」「清潔にする」などが出ました。患者の立場に立った病院に改善したいという声もその一つであることを確かめ、国や自治体が改善のための指導をしなければならない義務があることも学習しました。病院を受け手としてでなく、主体的にとらえていく見方に転換していった場面でした。

でも、「病院を変えるなんて本当にいいの?」「本当に変えられるの?」と子どもたちは半信半疑でした。それは学校に要望を出して変えていくこととは違う、もっと背後に大きな存在があることを予見しているからでしょう。実際に病院を変えていく社会的運動に携わる人との出会いを何としてもつくり出したいと思いました。

■「療育センター」という施設

いよいよ療育センターの学習に入りました。センターがどのような土地柄にあるのか、どのようにしてできたのか、どのような病気や障がいをもつ患者さんがいるのか、それを支えるためにどのような人々が関わっているのかを明らかにしようと思いました。センター発行のパンフレットやセンター通信の切り抜きを使って、それらが学習できる資料を作りました。順次それを読み取りながら、そこでひっかかった疑問で授業を深める展開にしました。

●千尋　ぼくは住んでいる近くにこういう病院があるなんて知らなかった。入院している人はけっこう重たい病気になっていて自分でうごけない人をかん病するなんてたいへんだと思う。

①子どもの疑問1「障がいはどうやって起こるのか」

まず子どもたちは、入所されている方の様子に関心を寄せました。患者さんはみな脳性麻ひかてんかんによる精神的身体的障がい者であること、こうした病気は出生前にも出生時にも出生後にも起こり得るものであることをパンフレットから読み取りました。しかし、「脳性マヒって何？」「てんかんって何？」とさらにつっこんだり、「脳が病気になるとどうなるか」と真剣に考えたりする質問が出されてきました。私が予備学習で知っている限りで説明しました。患者さんたちが大変重い病気を抱えていることは子どもたちも分かったようでした。しかし、関心が強い事柄でしたし、病気や障がいについて理解を深められた場面でしたから、調べ学習を提起したり専門医に聞く活動を組んだりすればよかったと、後で思いました。

②子どもの疑問2「なぜ国や東京都が建てなかったのか」

つぎに、このセンターは個人が土地を提供してできた、日本ではじめての重度心身障がい者の療育施設であることに関心が集まりました。「それまでは重度の障がい児はどうしていたのか」「なぜ国や東京都が建てなかったのか」という疑問の声が出されました。『どんぐりの家』（山本おさむ［著］小学館）を読んだことのある子がいて、「昔は障がいをもった子は親が悪いって言われたから、それがこわくて家から出せなかった」「清掃工場を造るのに反対する地元の人がいるように、障がい児の人が生活する施設を造ろうとすると反対する人がいるんじゃないか」「それって差別じゃないか」という議論になりました。総合学習「沖縄」で「思いやり予算」の学習をしたことがあったので、「アメリカにあげるお金があれば障がい者の人たちにもっと使ったほうがいいのに」「国ももっと協力してほしい」などの意見も出されました。

・

③子どもの疑問3「ケースワーカーって何？」

さらに、資料にある「療法士って何か」「ケースワーカーって何か」も疑問として出されました。「英語を知っている」という子が「ケースワーカーって箱を作る人だ」というものだから、「病院にどうして箱を作る人がいるんだ」というやりとりになって、思わず吹き出してしまいました。第一次の「病院で見かけた働く人」の交流をしたときに子どもたちから出されていたのは、医者、看護師、調理師、お金や保険証を預かったり予約をとったりする人、おそうじする人、レントゲンをとる人、薬を分ける人でした。しかし、長期入所を余儀なくされている方々ですから、家族を支えていくことも大切になってきます。そしてそのために、生活支援などの相談にのる職員が実はいるのだということまでは、この時点では子どもたちは気付いていませんでした。ケースワーカーとして働く方にはぜひ出会わせたいと考えました。

■今を病院で過ごす子どもたちを見つめて

①ボールプールのねらい

A療育センターを概括的にとらえられたところで、つぎの時間には実際のセンターでの活動ぶりを読み取っていきました。そして、A療育センターの患者さんたちの多くは、幼い頃から入所していること、人として豊かに育っていくように治療やリハビリだけでなく学習や体験の場も設けていること、人としての喜びや生きがいが生まれ、社会生活が営めるようにしていることが分かってきました。

ここでも子どもたちの疑問で深める授業展開にしました。ボールプールに横たわる患者さんの写真がありました。とてもうれしそうです。はじめはただ遊んでいるだけかと子どもたちは思ったようで、「いいなあ、こういうところであそべて」という声が出ました。しかし、このボールプールこそ療育のねらいを象徴していました。ここは大事なポイントだと思いました。そこで、パンフレットの本文にもう一度丁寧に向き合わせました。

資料の文には「感情を上手く表現できない人も笑顔を見せてくれます。ボールを使うことにより、自分以外に興味をもち、人と接することができます。血行が悪く足が紫色になっている人が入った時は、みるみる間に足の色がきれいになります。ボールプールは血行の悪い人にも有効に働くようです」とあります。

改めて、ボールプールは、感情表現できる力を育て、楽しみを与え、健康を促すために意図してつくられたものであることを読み取りました。A療育センターが、医療的なケアだけでなく、人としての機能や感情などを育てるための工夫もしていることに、子どもたちは驚いていました。

②病院内学級の子どもたち

「療育」に関心を寄せてきたところで、今度は一般病院で過ごす子どもたちの様子に広げて学習を進めました。

はじめに、しばらくの間入院したことのあるという航君に、入院のときの様子や思いを語ってもらいました。うろ覚えで断片的ながら退屈だったことだけははっきりと覚えていました。「テレビも好きに見られない」「マンガを見たりゲームとかをしたりしててもあきる」「部屋から勝手に出られない」など、「けっこうつらかった」と語りました。病院での楽しみといったら「おみまいに来てくれること」ぐらいだったそうです。

そこで、こうした体験から、今を病院で生きる多くの子どもたちの生活ぶりを考えてみることにしました。ここで例のビデオを使いました。ＴＢＳが特別企画ドラマとして放映した『天国まで響けボクのシンバル――病院内学級物語』（一九九八年放映）です。

●太郎　中でも一番心に残ったのは、あの医師が石井先生にいった言葉「病院内学級は病院と外をつなぐ窓」という言葉。すごく感動した。病院内学級は勉強をするためでなく、生きる意欲を持たせる。確かに何年もベットに寝たきりでたいくつになるよりも、みんなでいろいろ勉強したり、遊んだりした方が生きるって楽しい、すばらしいって感じると思う。ぼくは、一日も早く病院内学級で生きる意欲を身につけて社会に出て行く子たちを見たい。

一人ぼっちでいるときの表情の暗い子どもたち、退屈してゲームやマンガにばかり没頭してしまっている子どもたちとは対照的に、病院内学級に行っている子どもたちは、楽しみと目標ができて生き生きとしています。死を目の前にしながらも今を大事に生きようとしている子の姿は実に印象的でした。今この瞬間をこうして生きている子どもたちがいること自体が、見ている側のこの子たちには驚きだったようです。

そしてその子どもたちが病気と闘い心痛めるのを理解して、体をはって励まし続ける医師・看護師、そして病院内学級の先生たちがいること。これも驚きだったようです。何しろ今まであまりにも病院不信、医者不信の声が強かっただけに、「こういう病院や医者もあるんだ」と個別的に見るきっかけにもなったようです。そして何よりも互いを信頼しひたむきに生きる人間同士のつながりに感動していました。周りはばからず涙をボロボロ流して見ている子もいました。病院内学級の存在の意味がどの子にも実感されました。

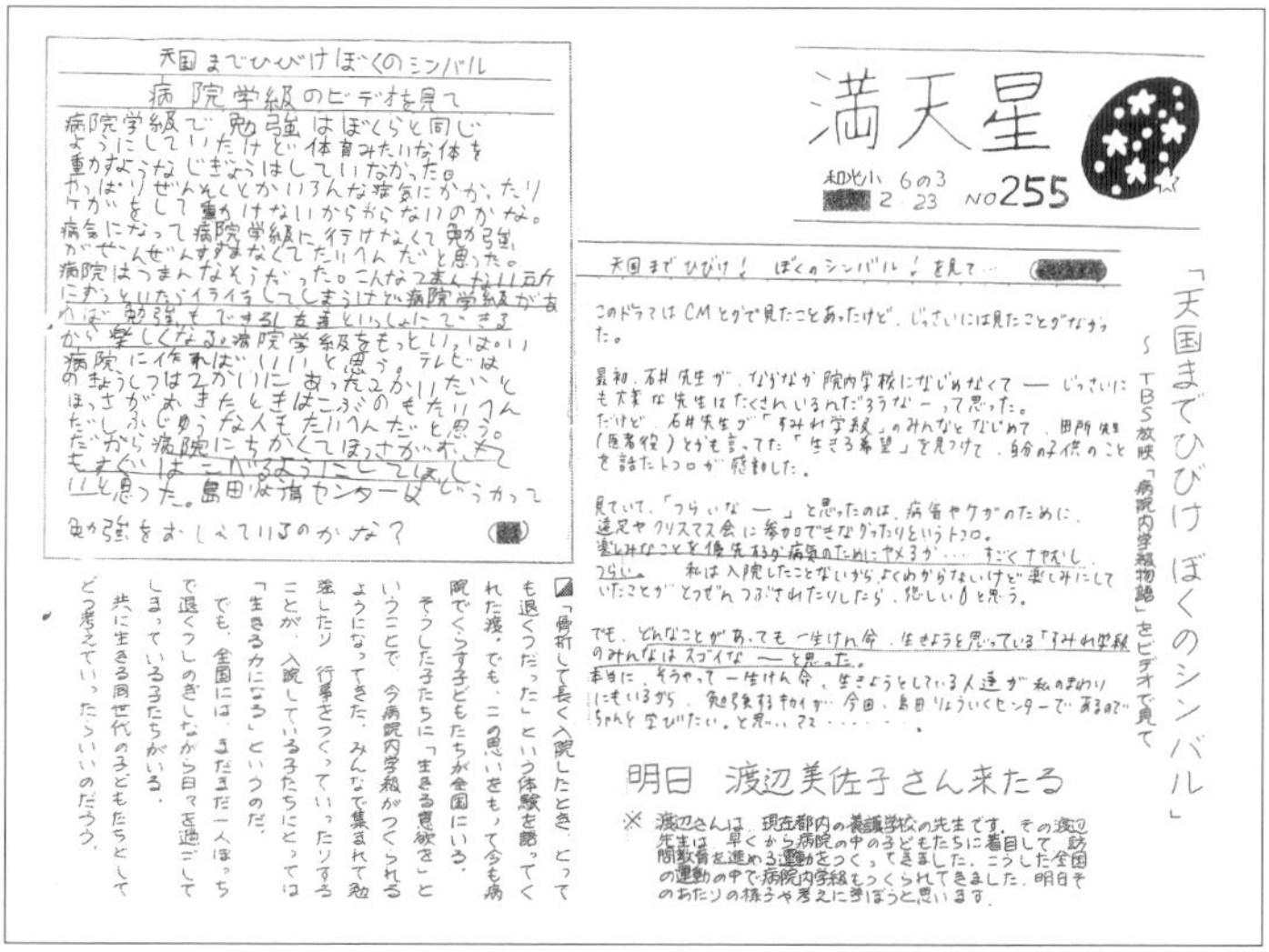
満天星

和光小 6の3
[redacted] 2・23 NO255

「天国までひびけ ぼくのシンバル」〜TBS放映「病院内学級物語」をビデオで見て

天国までひびけ！ ぼくのシンバル！を見て… ([redacted])

このドラマはCMとかで見たことあったけど、じっさいには見たことがなかった。


最初、石井先生が、なかなか院内学校になじめなくて ── じっさいにも大変な先生はたくさんいるんだろうな ─ って思った。

だけど、石井先生が「すみれ学級」のみんなとなじめて、田所先生（医者役）とかも言ってた「生きる希望」を見つけて、自分の子供のことを話たトコロが感動した。


見ていて、「つらいな ─ 」と思ったのは、病気やケガのために、遠足やクリスマス会に参加できなかったりというトコロ。

楽しみなことを優先するが病気のためにやめるが…… すごくくやしくつらい。 私は入院したことないから、よくわからないけど楽しみにしていたことがとつぜんつぶされたりしたら、悲しいなと思う。


でも、どんなことがあっても一生けん命、生きようと思っている「すみれ学級のみんなはスゴイな ── と思った。

本当に、そうやって一生けん命、生きようとしている人達が私のまわりにもいるから、勉強するキカイが今回、島田りょういくセンターであるのでちゃんと学びたい。と思ってま……。

明日 渡辺美佐子さん来たる

※ 渡辺さんは、現在都内の養護学校の先生です。その渡辺先生は、早くから病院の中の子どもたちに着目して、訪問教育を進める運動をつくってきました。こうした全国の運動の中で病院内学級もつくられてきました。明日そのあたりの様子や考えに学ぼうと思います。

天国までひびけぼくのシンバル
病院学級のビデオを見て
病院学級で勉強はぼくらと同じようにしていたけど体育みたいな体を動かすようなじぎょうはしていなかった。やっぱりぜんそくとかいろんな病気にかかったりケガをして動けないからやらないのかな。病気になって病院学級に行けなくて勉強がぜんぜんすすまなくてたいへんだと思った。病院はつまんなそうだった。こんなつまんない所にずっといたらイライラしてしまうけど病院学級があれば勉強もできるし友達といっしょにできるから楽しくなる。病院学級をもっといっぱい病院に作ればいいと思う。テレビはのきょうしつは2かいにあった。2かいだとほっさがおきたときはこぶのもたいへんだしふじゆうな人もたいへんだと思う。だから病院にちかくてほっさがおきてもすぐはこべるようにしてほしいと思った。島田療育センターはどうやって勉強をおしえているのかな？ ([redacted])

「骨折して長く入院したとき、とっても退くつだった」という体験を語ってくれた渡。でも、この思いをもって今も病院でくらす子どもたちが全国にいる。

そうした子たちに「生きる意欲を」ということで、今病院内学級がつくられるようになってきた。みんなで集まれて勉強したり、行事をつくっていったりすることが、入院している子たちにとっては「生きる力になる」というのだ。

でも、全国には、まだまだ一人ぼっちで退くつしのぎしながら日々を過ごしてしまっている子たちがいる。

共に生きる同世代の子どもたちとしてどう考えていったらいいのだろう。

◎学級通信「満天星」255号（実践当時）

一つのドラマからも、子どもたちは今を病院で生きる子どもたちに目を向け、そこから病院や学校のあり方を考え、改めて人と人とが交わることの大切さを感じ取り始めました。

■病院で過ごす子どもたちを支える人々

今度は出会いを通して学ぶ機会をつくりました。一回目の特別授業は『ひろがれ病院内学級』の編著者でもある渡辺美佐子先生に、二回目はその渡辺先生の紹介で聖路加国際病院のケースワーカー西田知佳子さんにお願いすることにしました。

①病院内学級は一人の親の運動から始まった

まず渡辺先生は、病院内学級の子どもたちと病院内学級ができるまでをお話してくださいました。検査や手術以外は何もすることがなく、ただ退院の日を待ちわびているだけの長期入院の子どもたち。その子たちは毎日孤独で退屈な時間を過ごしています。何とかこの子たちに楽しさや喜び、充実感を味わわせたい。こういう思いを強くした一人の患者さんのお母さんが立ち上がり、仲間を作り、役場や病院と交渉して病院内学級ができてきました。でも、現在そこに就学している子どもはたったの三〇％（当時）だそうです。多くの子どもたちやその家庭には訪問教育や病院内学級という制度が知られていませんし、社会的にもまだまだ知られずに放置されてしまっているそうです。

②目からうろこのアメリカの病院

つぎに渡辺先生は、アメリカの最新の小児病院を撮った写真をスライドにして見せてくれました。まるで公共文化施設にいるかのようです。個別の病室と年代ごとのプレイルーム。思春期の子どもたちの部屋ではパソコンやゲームもできます。社会復帰したときのための学習にと廊下には信号機がつけてあります。星を見ることのできない子どもたちのためにエレベーターにはプラネタリウムが、図書室にはどの子でも本が読めるように常に五カ国語の本が置かれているそうです。患者の幼い家族が楽しんで待てるようにアスレチック広場もあります。これにははじめて見せていただいた私も含め子どもたちみんなが驚きました。

授業を終えた後、子どもたちは渡辺先生を取り巻いていました。入院している子どもたちの心をいやすためのおもちゃに興味がつきなかったようです。入院している子どもたちは痛さにとても恐怖心をもっています。ところが、一人に一つお人形が渡されると、医者や看護師になった立場でそのお人形に接し、心がいやされることが実験的に分かったそうで、そのためのお人形に特に興味を寄せていました。おもちゃそのものへの興味と共に、それを介して自分なりに病院で暮らさざるを得ない子どもたちの心情を感じ取ろうとしていたようでした。

③食事のできない患者さんのために作られた栄養剤

また、重度障がい者の方の食事も体験させてくださいました。食事といってもどろっとした栄養剤でした。口が機能せずチューブで体に流し込むからです。ストロベリー味とコーヒー味のそれは、見た目にはフルーツ牛乳とコーヒー牛乳でした。はじめは「おいしそう」と量の多いのを選んでいた子どもの中には、「まずい」と言って流し場に吐き出しに行った子もいました。しかし、「まずい」と言えるのは味覚があるからで、口自体機能しない患者さんにとっては大切な栄養源です。こうしたものが開発されたから重度障がい者も生き続けることが可能になったことを教えられました。

④心をいやすケースワーカー

西田さんは、入院患者さんの悩みとケースワーカーの仕事について話してくださいました。入院患者さんは、病気やけがそのものに対する痛さや不安とともに、入院費・社会復帰・病院生活・学習の遅れなどのさまざまな悩みを抱えること。しかしそうした悩みを相談できる窓口がなくて行き場のない孤独を患者さんは味わっていることを具体的に話してくださいました。こうした二重の苦しみを和らげいやそうとして、ケースワーカーが生まれたことへと話を進めました。みんなは徐々に、病院は病気やけがが治療されるだけの場ではないことを感じ取り始めていました。そしてそれをいやすことが回復にも影響することを改めて知りました。

保険証の役割をはじめて知った子もいました。医者に行けば必ず手にして行くものですが、何に使われているのか知らなかったのも子どもたちなら当然でしょう。国や行政が国民の健康に対してどうあるべきかも考えてみる機会になりました。

⑤渡辺さんと西田さんに学んだことは

●誠　入院している子どもは、勉強したいと思っても全体の三〇％しか勉強ができないなんてなんかかわいそう。だけど病院内学級をつくったのは、一人の子のお母さんだったなんて、よくそれが実現したなあ。そのお母さんのねがいはそうとうなものだろう。しかし、日本とアメリカの病院のちがいはすごすぎる。ぼくもアメリカの病院に行ってみたいな。日本もボランティアの人をもっとふやしてほしい。今ぼくもなんとなく勉強していたけども、病院の子の話を聞いて、ぼくもなんとなくゆうきづけられたと思います。

●遥　わたしが西田さんのお話を聞いて一番いんしょうに残ったのは……「必要だ」と思ったことを実現していくことの大切さだ。何年も前に「必要だ」と言われて来たものが、今ソーシャルケースワーカーとしてたくさんの人に役立っている。すばらしいと思った。「必要だ」と思って実現させることは大変だけど、これからも忘れてはいけないと思います。

病院内学級に関わり広める運動に携わる渡辺先生と、患者さんの心をいやすための仕事を充実させている西田さんから子どもたちが学んだことは、「必要なことは実現していくこと」だったようです。第一次の学習で「病院は変えられる」ことを学んでも実感できなかった子どもたちが、実際に実現している人たちと出会うことで、強く生きていく勇気を得ました。

■センター訪問の準備――一対一の出会いの場をつくりたい

いよいよA療育センター訪問の日が近づいて来ました。

まずはエイサーの練習です。学級全員での練習も久々でした。卒業間近で、この学級としてエイサーを踊る機会も最後です。そうした思いがまたエイサー熱を上げました。太鼓をたたく音にも勢いがありました。今回の公演のためにはじめて入れることにした踊りもすぐに覚え、三線も自分たちで弾きたいという子たちも出てきました。うれしいことに、卒業生の三線奏者栗原厚裕さんが、この訪問の話を聞きつけて、歌い手として演奏に来てくれることにもなりました。

また、「形に残るプレゼントもしよう」という声が子どもたちから上がって来ました。みんなで相談して、寄せ書きと折り鶴をプレゼントすることになりました。

まず一メートル四方の布に「みんな友達」の意味の琉球語「ゆいまある」を中央に書いて、一人ひとりが寄せ書きしました。「がんばって立ち向かってください」「病気にまけずがんばってください」など、つぎつぎと励ましのことばが書き込まれていきました。

そうしてもう一つ、鶴を折ってプレゼントすることにしました。当初一つに束ねた千羽鶴を考えていました。しかし、その後「一人ひとりに手渡したらどうか」という意見が子どもたちから出てきました。公演を観に来てくれた患者さんと一対一で交流する機会を求めていたのでしょう。みんなも賛成しました。そこで、一人一羽ずつ直接面と向かって語りかけて手渡すことにしました。手先の不器用な子もいましたが、周りの子に何度も教えられて一生懸命折りました。「鶴に一言入れたい」ということでメッセージを書いて作る子もいました。

■いよいよセンター訪問——重度障がい者の方との交流

電車を使い一時間半かけてセンターに行きました。院長先生自らが玄関で出迎えてくださいました。また、公演会場には沖縄の雰囲気を出すための飾り付けまでして用意してくださっていました。

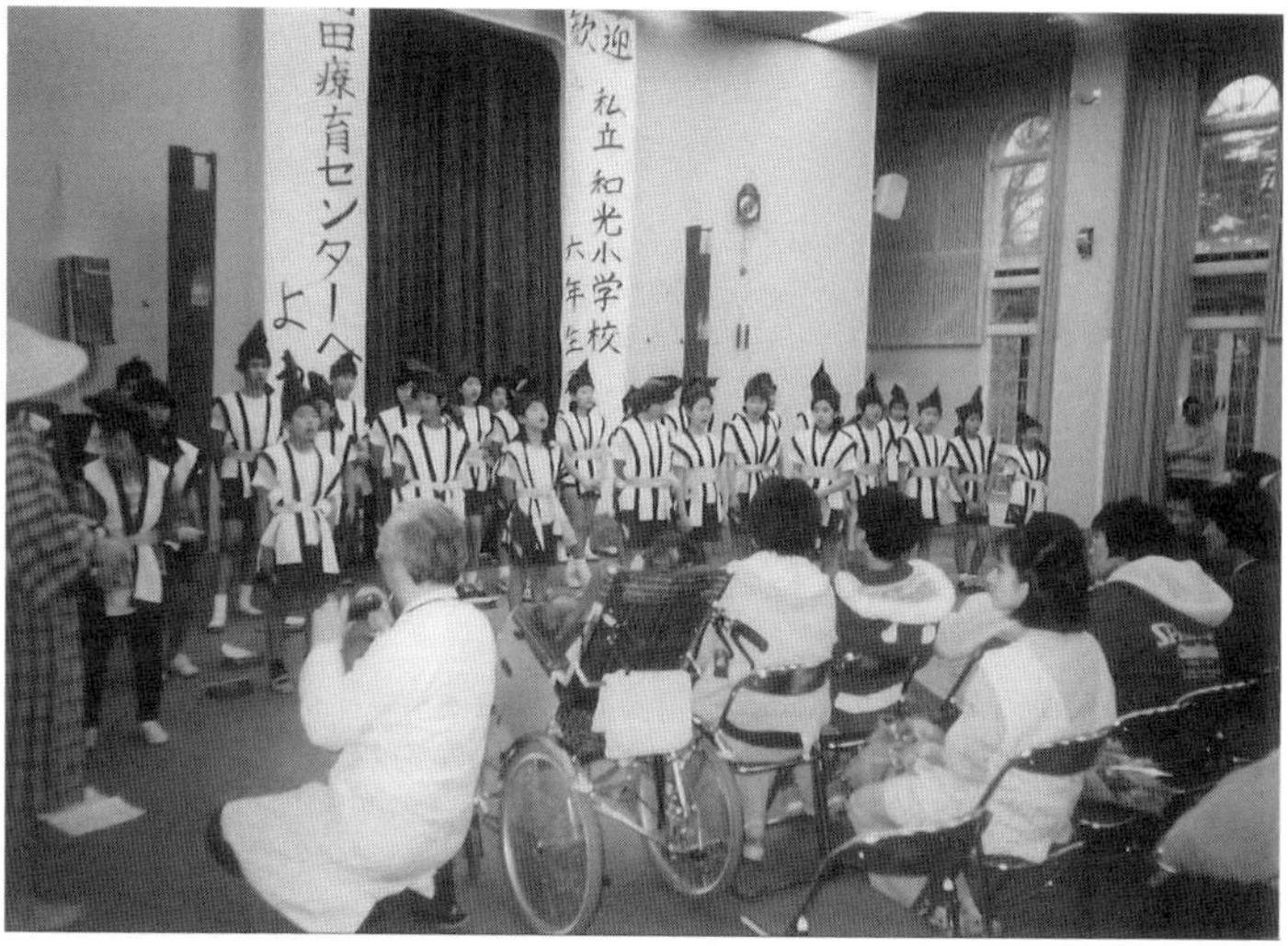

◎ A 療育センターで患者さんたちと対面（実践当時）

開演時間が近づくと、百名ほどの入所者と職員の方が会場に来てくれました。入所者の方は車いすか移動式ベッドのままで職員の方に押されて会場に見えました。子どもたちの顔はかなり緊張していました。あまりにも痛々しく見えたのでしょう。でも子どもたちは、患者さんにしっかり目を向けながら、エイサー七曲を踊りまくりました。踊るごとに気持ちが盛り上がってきました。そうしたこともあって、「島唄」を「来た人みんなで歌おう」という声が急に上がりました。予定にはなかったことですが、三線をバックに会場のみなさんといっしょに歌いました。

車いすの患者さんが、介助の方に車いすを押されて前に出られました。そして花束と患者さんが描いた画集を手渡してくださいました。代表して受け取った子はほほ笑み返して「ありが

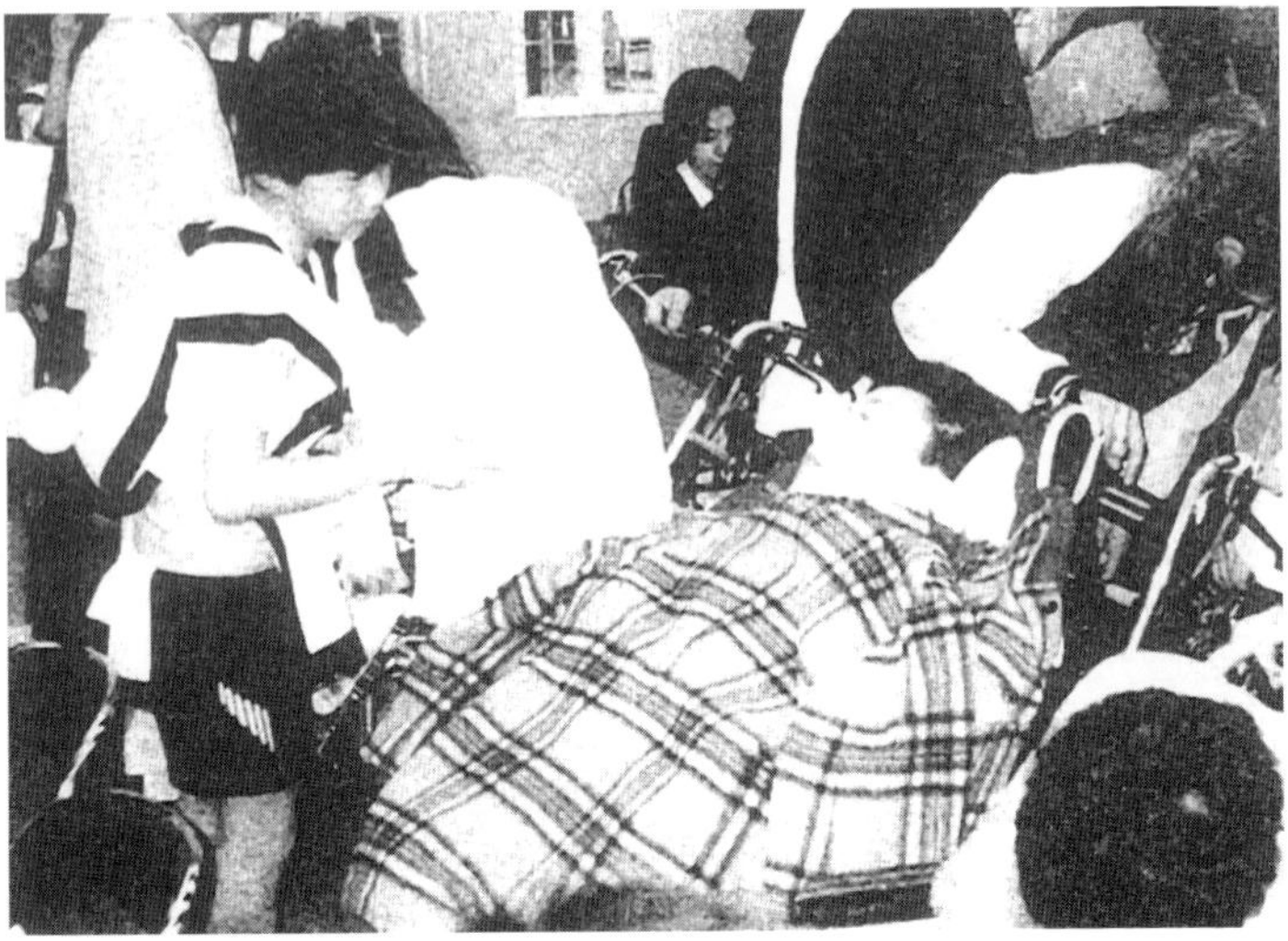

◎患者さんに折り鶴を贈る（実践当時）

とう」とお礼を言いました。

つぎに私たちから、代表の方に寄せ書きを手渡しました。思わぬプレゼントだったようで、職員の方から歓声と拍手がおきました。受け取った患者さんは、代表して渡した久美ちゃんに小さく口を開けて何かを語っていました。声にはなっていませんでしたが、子どもたちはじっとその患者さんの口元を見つめ、その方の言いたかったことを読み取ろうとしていました。

次いで会場に来てくださった一人ひとりに、いよいよ折り鶴をプレゼントするときとなりました。さっきまで遠くから自分たちを見つめていた患者さんの間近に寄り添って一対一で接することになります。

一見無表情で車いすに座っているだけの患者さんたちを前にして、はじめのうちはどう声をかけたらいいのか、どうやって渡したらいいのかととまどっている子もいました。しかし、介助の方が「鶴をプレゼントしてくれるそうよ」と患者さんに説明してくださったことで手渡すタイミングをつかむことができました。やっとほほ笑みながら自分なりに声をかけて手渡したり、動けない方の胸元に置いたりしていました。短い時間とはいえ、患者さんと気持ちを通わせる瞬間でした。

■握り潰すほどに大事にしたい気持ち

A療育センター訪問の翌日感想を交流し合いました。

その中で「ぼくがわたしたらにぎりつぶされちゃった」と良太君が発言しました。良太君にしたらちょっと残念な気持ちがあったのでしょう。しかし、すかさず利奈ちゃんが「大事にしたいからこそぎゅっとにぎったんじゃないか」と発言しました。障がい者の方の気持ちを考える大事な機会なので、討論することにしました。「手の力の加減がわからなかっただけで、いらないからとかわざとじゃない」「ぼくの渡した人は大事にポケットにしまってた」「手をふってにこにこ帰って行ってた」といった発言が続きました。「にぎりつぶした」ように見えた行動が、実はその方なりの大事にしたい表現なのだと、子どもたちは読み取ったのです。

良太君はこの討論後の感想につぎのように書いていました。

●ぼくはおりづるをあげる時、すごくうれしかったことがある。ぼくがわたそうとしたらあっちから手を出してくれた。よっぽどほしかったんだな～と思いわたしました。そしたらその人は、そのつるをポケットにしまおうとしている。ぼくはちょっとぐちゃぐちゃにつるがなるよと思ったけど、うれしかった。

人間の行為の裏にある奥深い感情や心を読み取る力、それをこの子たちはしっかりと身に付けてきていたのでした。

■学習を終えて

●悟　短い時間だったけど楽しめたし、障がい者への見方が変わった。ぼくは今まで「へんな人だなあ」とか「うつんないのかなあ」「かかわりたくないなあ」と思っていた。でも最後の「唐船ドーイ」のときなんか立ち上がって手をたたいていた。そのときとても感動した。声やひょうじょうにはだささないけども、とても楽しんでいたんじゃないかと思った。今日踊ったエイサーで患者さんが元気になればいいなと思った。

●裕也　障がいの人につるを渡したとき、よろこんでもらってくれてあく手がしたいそうで、あく手をしたらよろこんで最後に手をふってくれた。そのとき、何か心にじーんときた。「あ〜この人も必死で生きようとしてるだんなあ」と思って感動した。障がいの人だって、自分は自分なりにメッセージをおくろうとしていることはすごいと思う。みんな自分に負けないでいきていてほしいな。

●太郎 （前略）ぼくは、この、病院の学習をとおして、今の事件を考えなおした。このごろの事件は、本当に嫌なのばかりだ。いじめ、自殺、どく物混入、針混入。無差別なのが多かったり、悪質なやつばかりだ。なんで人の命を大切にしないんだろう。ぼくはそういいたい。障がいをもっている人達だって、自分のやれることをせい一杯やって生きているのに、もう、家に帰ることだってできない人だって、自分を捨てないでがんばっているのに……。命をそまつにしてはいけない。命というものは、一生に一度しかないもの。沖縄・病院の学習をへて、命の重さをよく考えさせられた。偏見、差別があるこの世の中ですが、障がい者のみなさん、周りや己にまけないようにがんばってください。

●利奈 A療育センターに行った。重度の障がいを持つ人というのは、私にとって全然身近でなくて、どんな風に生活しているのかもあまり想像できなかった。自分で動ける人はほとんどいなくて、一人に一人、看護の人がついていた。はっきり言って、生活することそのものが大変そうだった。気持ちも表現できないような感じだった。折りづるを二人の人に渡した。言葉もわからなかったり体も動かなかったりするかもしれないけど、何かをとっても喜んだりできる幸せをちゃんともっているんだなと思った。いっしょに同じ喜びを感じることができるんだなと思った。

（中略）私は今生きていて、今までも十二年生きてきたけど、生きていることをわざわざ考えてみたりしたことがなかった。自分の命も人の命そのものも考えたりはしなかった。でも沖縄の学習で『命どぅ宝』ということを自分なりに一生けん命考えて、人間の命というものについていろいろ考えることができた。そして『命かがやく』という勉強をしてきて命が「かがやく」ということがどういうことなのかわかる。命ってかがやきながらその人の人生を創っていく。どんな人も一人ひとりの人が生きていることそのものが、かがやいているんだね。

■中学校でも思いをつなげて

翌年、和光中学校から一枚の「一学年だより」をいただきました。そこには、内部進学したこの子たちが、「共同教育オリエンテーション」の中で、この六年生での体験学習を通して考えたことが綴られていました。

何を学ぶことが大切なのか、学ぶ中身を吟味していくことの大切さを改めてこの子たちに教えられました。『ぼくのお姉さん』という物語を、和光小学校では大事な国語教材にして位置付けていたからこそ生まれたドラマでした。この時期、何を子どもたちと読み深めるのかということでも改めて考えてみる必要があるかと思います。

また、「障がい」というハンデに向き合わなくてはならないアリサちゃんたちとともに過ごす中で、けんかもしながら考え合い、一緒に過ごしてきたことの貴重な価値も忘れずにいられません。ここでは取り上げられませんでしたが、同じ学級に難聴の健介君もいました。和光小学校では、さまざまな障がいを抱えている子どもたちを、意図的に学級に一人ないし二人受け入れて、健常児と障がい児が共に育ち合う、共同教育を追求しています。その理念の大事さも改めて感じました。

そして、小学校で学んだ人間理解を深める学習が、さらに生かされて中学でも学んでいける学園としての一貫教育の大事さも感じました。

第3刷あとがきにかえて

本書をまとめられたのは、私のような教員と一緒に楽しんでくれる子どもたちと保護者がいてくれたおかげです。うまくいかなくて落ち込むこと、自分は教師に向かないのではないかと悩むことが何度もありながら、そのたびに子どもたちや保護者に励まされてきました。

「子どもたちに加え、保護者も一緒に楽しめる学びや活動があり、その中でみなが育ち合える」こと。ここにこそ学校、あるいは教育の原点があるのではないでしょうか。そうした学びや活動を企画していけるところに、教員という仕事の本当の楽しみややりがいがあるのではないでしょうか。

本書を出版して早十年が経ちました。私が和光小学校長だった当時、深い教育研究に基づく自主的創造的な教育活動の推進を願って出版しました。ちょうど第二次安倍内閣が教育再生実行会議を設置し、その中で「私学に対する教育委員会の在り方を議論したい」「東京など教育委員会が影響力を行使できないという話も伺った。このような課題についてしっかり議論していきたい」(『全私学新聞』三月二三日号)と語られたときでした。私はとてもおそろしいことだと思いました。

明治期に富国強兵政策の一環としてつぎつぎと官立学校がつくられました。しかし、その学校像がはっきりとしてくる中で、画一的でない創造的な教育が必要だと考えられて、続々と私立学校が誕生してきました。それは、自由民権運動や大正デモクラシーといった民主主義の隆盛と軌を一にしていました。和光小学校はその流れの中で一九三三年に誕生した小さな小さな小学校です。自由と民主主義を重んじ個性豊かな子どもたちを育てることで社会に貢献する教育を目指して学校づくりを進めています。近隣国との緊張関係が高まってきているかのようなこの時代にこそ、自由と民主主義の教育、世界が人間同士でつながる教育を大事にしていきたいと思うのです。

しかし、それはたやすいことではありません。誤解や批難を浴びることもあります（2024年「みんなのねがいでつくる学校」を標榜する奈良教育大学附属小学校が不当な弾圧を受けています）。様々な考えの保護者たちと一緒に教育の理想を求めて学校づくりしているわけですから、ちょっとしたことで意見の相違も出てきます。すべてがここに書いたようにいくわけではありません。しかし、意見の違いはあっても、「子どもたちを大事にした教育」をとことん追求していくことで、子どもたちが生き生きときらめいて学び暮らしていきます。すると、保護者とも一体になってより豊かな教育が生み出されていくようになるのです。あれもできない、これもできていないということでどんどん管理していったのでは、子どもたちが生き生きときらめく教育は生み出されません。集団としてみんなの個性が保障され、みんなで豊かな学びと生活をつくっていける教育があってこそ、子どもたちは生き生ききらめいていける。私はそう思っています。

二〇一六年、私は学校教育の場を退き、新たに教員・保育者養成の道を開いてくれた名古屋芸術大学に赴任しました。それを機に、和光小学校の学校説明会や外部での講演・講話の際に保護者や教員を対象に宣伝普及してきた本書を、生活科及び小中高教員免許取得希望の学生を含む総合的な学習の時間の指導法テキストとしても活用するようになりました。ところが、その総合的な学習の時間の指導法で毎年「どのような総合的な学習を経験してきましたか」と聞くと、「自学自習」「行事の準備」「係決め・委員決め」「奉仕活動」が出てくるのです。まるで特別活動や道徳の時間の話のようです。総合的な学習の時間が導入されてすでに二〇年以上になりますが、今も授業者である教員に総合的な学習のねらいと内容が十分に理解されていないと言わざるを得ません。

総合的な学習の時間では、「地域や学校の特色」「児童生徒の興味・関心」「(中高では)進路や生き方」とともに「現代的諸課題」が題材として例示されています。本書の第二部では衰退しつつあった特産野菜の再評価、水質及びごみ処理における汚染問題、第三部では沖縄が抱えている苦難、障がい者の医療・教育・生きがいの保障の問題に迫る学習活動の展開を紹介しましたが、地域の、日本の、そして世界の「現代的諸課題」に目を向ける学習活動にこそ、総合的な学習(私は「的な」でない本格的「総合学習」であるべきだと考えています)で重視すべきだと私は考えます。

「きらめく小学生」とは、教科学習や行事等の中で発揮する姿だけではなく、広く地域社会・日本社会・地球規模の世界のあり様に目を向け、様々な人や事実に出合い、見て聞いて確かめ、語り合い、それをまとめ、伝え・発信していく中で、発揮されてくる小学生たちの姿なのです。ＩＣＴの導入が広がり、インターネット上の情報を活用する学習活動が盛んな時代です。しかし、実際に自分たちの力で地域・日本・地球規模の世界を見つめ、きらめく子どもたちの姿に勝るものはありません。その姿は、本書を読む教員・保護者・学生達には、「小学生でもこんなに素晴らしい力を発揮するのか」との驚きを与えることでしょう。刊行から十余年経った本書を改めて、子どもたちのきらめく姿を再発見する書として、より一層多くの方に読んでいただけたならと願います。

本書をまとめるにあたって、出版を快く引き受けてくださった合同出版編集部のみなさん、写真提供に協力してくださったカメラマンの小暮邦昭さんにはとりわけ厚くお礼申し上げます。

本書の仕上げの段階で、子ども主体で教育を深める和光学園を確固として築いてこられた丸木政臣先生の訃報を受けました。謹んでご冥福をお祈り申し上げるとともに、和光学園で磨かれた私自身の教育観・子ども観を、学生・若い教員に伝え、丸木先生の撒かれた子どもを主体とするからこその豊かな教育実践の種を現在の赴任地愛知県を中心に広めていく所存です。

二〇一五年　初夏

鎌倉　博

■著者紹介

鎌倉　博（かまくら・ひろし）

学校法人和光学園 和光小学校・幼稚園 元校園長
名古屋芸術大学 教育学部 教授
名古屋芸術大学附属クリエ幼稚園 元園長
1959年生まれ。埼玉県草加市の公立小学校に勤務の後、和光小学校に着任。教科書ありきではない、子どもの発達や関心に則した小学校の教科学習づくりや、子どもがもちこむものを大事にした生活勉強・総合学習の授業づくりに主に取り組んできた。

所属：日本生活教育連盟、民主教育研究所教育課程研究委員会など
単著：『ワクワク楽しく子どもが育つ ── 名古屋芸術大学附属クリエ幼稚園の挑戦』（ウィンかもがわ）
共著：『新しい教職教育講座 教科教育編 5 生活科教育』（共編、ミネルヴァ書房）『いのち輝く』（ルック）、『あっこんな教育もあるんだ』『ともにつくる総合学習』（ともに新評論）など

きらめく小学生　──自由な教育の中で育つ子どもたち

2013年7月10日　第1刷発行
2025年5月30日　第3刷発行

著　者　鎌倉　博
発行者　坂上　美樹
発行所　合同出版株式会社
東京都小金井市関野町 1-6-10
郵便番号 184 - 0001
電話 042（401）2930　FAX042（401）2931
URL：http://www.godo-shuppan.co.jp
振替 00180-9-65422
印刷・製本　新灯印刷株式会社

■刊行図書リストを無料送呈いたします。
■落丁乱丁の際はお取りかえいたします。

ISBN978-4-7726-1136-7　NDC376　188 × 130